Memórias afetivas

25 anos de serenatas dos
Trovadores Urbanos

ROSE DE ALMEIDA

Memórias afetivas

25 anos de serenatas dos Trovadores Urbanos

© 2015 - Rose de Almeida
Direitos em língua portuguesa para o Brasil:
Matrix Editora
www.matrixeditora.com.br

Diretor editorial
Paulo Tadeu

Capa e projeto gráfico
Monique Schenkels

Revisão
Adriana Wrege
Silvia Parollo

Fotos
Páginas 26, 36, 37, 43, 48, 52, 61 (coreto), 67, 68, 75, 96, 97 e 102: arquivo pessoal
Página 38: Gal Oppido
Páginas 47, 56 e 61 (quarteto): Fernando Mucci
Página 72 e capa: Marco Aurelio Olimpio
Páginas 64, 84, 86 e 87: Agnaldo Papa
Páginas 98 e 101: Christiane Bodini

CIP-BRASIL - CATALOGAÇÃO NA FONTE
SINDICATO NACIONAL DOS EDITORES DE LIVROS, RJ

Almeida, Rose de
Memórias afetivas / Rose de Almeida. - 1. ed. - São Paulo: Matrix, 2015.
136 p.; 21 cm.

Inclui índice

ISBN 978-85-8230-198-2
1. Seresteiros - Brasil. 2. Serestas - Brasil. I. Título.

15-23494	CDD: 782.421640981
	CDU: 782

A meu pai, Messias Silva, o seresteiro das minhas lembranças, boêmio nesta e em outras vidas.

Sumário

Prefácio 9

Apresentação 11

Antes de tudo 13

A serenata no Brasil 17

Diamantina, terra de presidente e serenata 21

Conservatória, em cada casa uma canção 23

Inspiração que vem de berço 27

Da ideia à ação, ou seria canção? 31

Ganhando a mídia 35

A empresa Trovadores Urbanos 39

Seresta de Sexta 49

Vida corporativa 53

Bastidores 57

Grupo vocal – o romantismo caminha da rua para os palcos . . 59

Música brasileira para exportação 65

Serenata das Arábias 69

Os trovadores e o seresteiro 71

As memórias de cada um 77

Seresteiros do Rio São Francisco 85

Projetos sociais – a música que alimenta a alma 91

Trovadores Mirins 99

Causos 103

Números dos 25 anos dos Trovadores 135

Prefácio

Eles popularizaram a serenata na cidade de São Paulo, ao colocar músicos vestidos com trajes de época nas ruas cantando com a naturalidade de quem faz parte da paisagem.

Em 25 anos fizeram mais de 100 mil serenatas, ajudaram mais de 30 mil pessoas em seus pedidos de namoro, noivado e casamento e cantaram em mais de 10 mil reconciliações de apaixonados.

O Dia das Mães ainda é o mais procurado para as homenagens e o Dia dos Namorados para sempre vai marcar o começo de tudo, o começo do sonho de cantar e encantar a cidade com boa música popular brasileira, com a disposição de falar de afeto, celebrar e homenagear.

Do começo embaixo de janelas às cantorias por toda a cidade, participando de festas, cantando em eventos, abrindo casamentos ou recebendo convidados em grandes celebrações, os quatro músicos originais se transformaram em uma empresa com mais de cem colaboradores.

Da cidade de Avaré, no interior de São Paulo, o grupo musical saiu para cantar pelo Brasil, realizando mais de 800 shows pelo país. E ganhou o mundo em quatro turnês internacionais, visitando Portugal, Espanha, Emirados Árabes e França.

A missão de cantar para os males espantar resultou em projetos sociais, como Meninos da Esperança, Asilos 2010,

Hospital do Câncer e, mais recentemente, Escola dos Trovadores, em Cidade Ademar.

Este livro é resultado da memória afetiva de todas as pessoas que já cantaram nos Trovadores Urbanos, das que já foram reconhecidas por amigos, chefes, colegas, familiares, das que já se emocionaram com canções inesquecíveis, das que já ficaram surpresas ao serem homenageadas em público. Enfim, são memórias de 25 anos de amor, afeto e histórias engraçadas, misteriosas, inacreditáveis, pitorescas e de bastidores que traduzem a vida desse grupo que oferece música como presente para a cidade. E que com esse ofício nos oferece um mundo melhor, mais amoroso e cheio de esperança e alegria.

Trovadores urbanos
memória afetiva
tristeza do Jeca
em plena Paulista

Trovadores humanos
memória e motiva
memória memória
eu quero ela viva

Walter Franco
cantor e compositor

Apresentação

"O Cascão, marido da Rose, é o homem mais homenageado da cidade." Maída Novaes, idealizadora dos Trovadores Urbanos, costuma dizer essa frase toda vez que se refere à maneira como o grupo musical que faz serenatas pela cidade entrou na minha vida.

Já não tendo mais frases para escrever em bilhetes ou recorrentes cartinhas de amor, um dia vi um anúncio na revista *Veja São Paulo* e liguei para saber o que eram as tais serenatas. Acabei descobrindo um grupo musical que cantava em ocasiões especiais vestido com trajes que lembram as melindrosas, em vestidos de seda, pérolas, e os cavalheiros usando terno e chapéu.

De tanto contratar o grupo para cantar em aniversários, homenagens, dar de presente a noivos e oferecê-lo como atração em eventos, acabei me aproximando e conhecendo tão bem cada produto que tem gente que até pensa que eu sou uma trovadora.

Talvez no fundo eu até seja, pois compartilho imensamente dessa missão de espalhar alegria, afeto e demonstrar um carinho colorido para tingir a cinza selva de pedra.

Foi por me sentir parte desse movimento que fiquei triste quando soube que o livro dos Trovadores seria escrito por outro jornalista. Depois de uma relação tão íntima com o grupo, de tantas histórias vividas e compartilhadas, pensar que outro profissional teria esse privilégio me deu uma imensa dor de cotovelo.

Mas, como o tempo é sempre o melhor remédio e mostra que a gente não sabe nada sobre o que está escrito nas estrelas, anos depois a Maída me convidou para um cafezinho, disse que estava com saudade e que queria conversar.

Qual não foi minha surpresa quando ela falou que depois de 25 anos o grupo de seresteiros merecia ter sua história contada em livro, e queria que eu o escrevesse.

Nem preciso dizer que tive vontade de sair cantando pelas ruas e fazendo eu mesma minha serenata particular, resgatando pedaços de mim em cada lembrança, em cada música, em cada abraço compartilhado nesses anos todos.

E assim, às minhas memórias junto aos Trovadores eu juntei as memórias afetivas de todas as pessoas que amam e não têm vergonha de expressar o carinho e o amor que sentem.

Porque eu acredito que o amor é sempre o princípio e o fim de todo caminho.

Antes de tudo

Antes de falar de Trovadores Urbanos, é preciso entender as raízes das serenatas e dos seus intérpretes, quando os primeiros menestréis foram citados em livros antigos como cantadores que percorriam as cidades em noite de lua cheia para cantar embaixo das janelas de castelos e chamar a atenção de lindas princesas.

Tempos antes de a jornalista Maída Novaes ter a inspiração de abandonar o emprego na Rádio Excelsior (hoje CBN) para se dedicar à veia musical de sua família e fazer das serestas um novo negócio, as serenatas já eram um registro longínquo em partituras amareladas nos museus.

Situada entre a cantata e a ópera, a serenata surgiu no século XVI como uma música composta a pedido de alguém ou para ser executada em ocasiões especiais. Daí a associá-la aos românticos que queriam demonstrar seu amor não foi muito difícil, uma vez que os nobres no século seguinte buscavam compositores renomados para escrever suas declarações de amor.

O clássico compositor alemão Friedrich Händel, por exemplo, em viagem pela Itália no ano de 1708, compôs uma das primeiras serenatas de que se tem notícia, intitulada *Aci, Galatea e Polifemo*, especialmente para um casamento real napolitano.

Inicialmente apenas instrumental, a serenata foi ganhar letras apaixonadas ou contundentes em defesa de causas populares somente no século XVIII, quando se aproximou das óperas e exigia de seus cantores uma atuação dramática.

Nessa época, as composições, além de se referirem a qualidades ou características dos homenageados, a exemplo do que fazem hoje os Trovadores, também se referiam a personagens mitológicos ou a fatos da história da Antiguidade, configurando a serenata como uma crônica de seu tempo.

O italiano Alessandro Stradella foi um dos primeiros compositores de serenata com letras e *performance* teatral para os músicos executarem enquanto cantavam e tocavam. Professor de canto e violinista, conquistou sua esposa com uma serenata quando ela ainda era sua aluna.

Ao evoluir como manifestação poética, saindo das ruas e ganhando os salões dos nobres que não tinham acesso aos teatros de ópera, as serenatas foram tomando a forma que assumem nos dias atuais, com declarações íntimas, especialmente dedicadas a alguém e com duração aproximada de vinte minutos.

Wolfgang Amadeus Mozart, por exemplo, que começou a escrever pequenas composições ainda na infância, nos primeiros anos da década de 1770, além de sinfonias, missas e réquiem, também esbanjou seu talento compondo serenatas.

Ao todo, o pequeno gênio foi autor de 13 serenatas, sendo *Eine kleine Nachtmusik* sua mais famosa composição nesse estilo, e foi anotada no mesmo caderno em que ele escreveu a ópera *Don Giovanni*.

A "pequena música noturna", se traduzirmos do idioma alemão, como foi batizada, indica também o momento de utilização da canção, que tinha sido encomendada por algum nobre da época, assim como todas as músicas que ganhavam as ruas como artifício de sedução.

Além de Mozart, Beethoven e Brahms também escreveram serenatas. Se no século XIX as músicas ainda mantinham a solenidade da vestimenta e dos instrumentos utilizados, a partir do século XX elas se popularizam por meio das misturas musicais de cada país em que se manifestam.

O cinema é um dos principais disseminadores de costumes e tendências de determinadas localidades para terras mais distantes. Através dos filmes, desde o cinema mudo, não só a moda e os hábitos de consumo se projetam para novas sociedades. Sobretudo a música ganha novos admiradores e intérpretes.

Em uma estratégia bem-sucedida para amolecer corações, os filmes vão mostrando cenas famosas de serenatas, a começar por *Romeu e Julieta*, quando o jovem Montecchio, para chamar a atenção de sua amada, põe-se a cantar embaixo de sua janela.

Gene Kelly, em *Cantando na Chuva*, para declarar seu amor, protagoniza em 1952 uma das serenatas mais famosas do cinema. Encharcado, bailando todo faceiro com um guarda-chuva, ele dá o tom do romantismo que mexe com os apaixonados.

O cinema brasileiro também tem sua seresta famosa. Vadinho, personagem interpretado pelo saudoso José Wilker, conquista o amor de Dona Flor tocando com seus amigos embaixo da janela da moça interpretada por Sônia Braga. O clássico filme de 1976 mostrava os amigos seresteiros atuando juntos para sensibilizar a rapariga com a música "Noite cheia de estrelas".

Lá na terrinha dos nossos descobridores, dizem que a serenata nasceu em Coimbra, Portugal, onde os estudantes aproveitavam a admiração das donzelas pelos rapazes que tocavam instrumentos ou tinham vocação para música e improvisavam pequenos trechos de canções para fazer declarações de amor.

Como nem todo mundo é bom cantor ou sabe tocar um instrumento, a serenata aparece com uma manifestação conjunta de afeto. Tanto de quem quer impressionar as garotas usando as letras das músicas como declaração apaixonada, como dos amigos que ajudam na empreitada, fazendo coro ou tocando violão, flauta ou violino. Embora as manifestações de amor fossem frequentes quando os rapazes saíam das festas ou das tavernas já encorajados pela cerveja e pelo vinho, com o passar do tempo a procissão de jovens pelas ruas também se tornou comum quando comemoravam uma data especial ou uma conquista do grupo.

A serenata no Brasil

O francês Le Gentil de la Barbinais, viajando por terras brasileiras em 1717, aportou na bucólica Salvador, Bahia, para escrever seu livro *Nouveau voyage autour du monde (Nova viagem ao redor do mundo*, edição francesa de 1723), no qual se lê uma das primeiras referências às serenatas no Brasil.

Assim o autor descreve os dias na capital soteropolitana: "À noite outra coisa eu não ouvia senão os tristes acordes de um violão. Os portugueses vestidos de camisolões com o rosário a tiracolo, a espada nua debaixo daquelas vestes e munidos de violões passavam sob as janelas de suas damas e em tom de voz ridiculamente terna cantavam modinhas que me faziam lembrar a música chinesa..."

O romantismo parece ser inerente aos corajosos que escolhem cantar andando pelas ruas até chegar embaixo da janela das moças. O francês Jean Ferdinand Denis, estudioso de literatura luso-brasileira, registraria em seu livro *Le Brésil*, de 1826, que "gente simples, trabalhadores, percorrem as ruas à noite repetindo modinhas comoventes, que não se consegue ouvir sem emoção".

Alguns livros de história registram também que, depois das festas, os rapazes, sob o efeito libertador do álcool, aproveitavam a momentânea coragem e desinibição para falar de amor e cantarolar ou recitar poesias românticas à porta das casas das moças.

E assim a serenata vira seresta, pois está atrelada à sua exposição noturna, sob o sereno, quando os primeiros seresteiros, os bandeirantes, em suas explorações por novas terras, se valiam da música para animar a longa jornada pelo interior do país. Com o passar dos anos e a formação das vilas e a descoberta de cidades no interior, a música trazida pelos viajantes se mistura à da comunidade e ganha novos formatos e ritmos.

E das clássicas valsas e fados misturados aos ritmos populares nascem as serenatas populares, as modinhas, o lundu e o samba, acompanhados de flauta, cavaquinho, violão e pandeiro.

O amor parece ser o melhor tema de grande parte das serenatas, não só porque facilitava o acesso ao coração da mulher amada, sensível a apelos emocionais, como também traduzia um sentimento que aproxima o ser humano de seus semelhantes e explica toda a história da humanidade.

Das amizades que viram romance às traições, abandonos e rivalidade, o ponto inicial é o amor, e muitas músicas eternizaram esse sentimento de forma precisa.

Canções como "Carinhoso", com versos que afirmam "ah, se tu soubesses como eu sou tão carinhoso e o muito muito que te quero", parecem traduzir explicitamente o desejo do seresteiro pela mulher amada.

Ou, ainda, em "Eu sei que vou te amar por toda a minha vida", prometem um amor infinito que é o sonho de muitas moças.

Da Idade Média à agitação das modernas metrópoles, a linguagem do amor que toca corações – apesar de hoje se apresentar em novo formato –, a afetividade de quem busca a felicidade e uma alma gêmea continuam iguais.

A linguagem rebuscada dos poetas da época foi dando lugar às manifestações populares e às canções românticas e de saudade que não envelhecem. Nesse quesito, os velhos compositores que cantavam um amor inocente e o bom e tradicional repertório das canções de Roberto Carlos antes da Jovem Guarda são bons exemplos do que não pode faltar nas serenatas modernas.

A serenata, como várias outras paixões, estimulou também a concorrência entre dois estados brasileiros pela paternidade da cantoria romântica sob o sereno: Minas Gerais e Rio de Janeiro.

Enquanto Diamantina (MG) se autoproclama a cidade brasileira onde a seresta melhor se incorporou à rotina dos moradores, Conservatória (RJ) afirma que desde 1860 os seresteiros fazem da cidade ponto de encontro para casais apaixonados e declarações de amor.

Diamantina, terra de presidente e serenata

Um recente festival de história promovido pela *Revista de História da Biblioteca Nacional* colocou a cidade de Diamantina, em Minas Gerais, como guardiã das tradições dos primeiros seresteiros que chegaram ao local por ocasião da exploração do ouro e de diamantes.

Seduzidos pela musicalidade das ruas, os instrumentistas convocados para tocar nas igrejas acabaram saindo em procissão pelas ruas, levando as canções de amor para debaixo das janelas das moçoilas da época.

Diamantina tem a seu favor o fato de abrigar um dos muitos conservatórios de música de Minas Gerais, fundado pelo filho mais ilustre da cidade, o ex-presidente Juscelino Kubitschek, famoso amante das serestas e que, quando se tornou presidente, tratou de incentivar a música por meio de diversas iniciativas.

Segundo a professora de música Adriana Maria Ribas da Cruz, em um artigo sobre a história da seresta em Diamantina, hoje existem cinco grupos de seresteiros que cultivam o amor à música como herança familiar.

Ao longo dos tempos, a tradição foi reformulada na vesperata que, em vez de colocar cantores e instrumentistas em procissão, acontece como uma espécie de "seresta invertida": os músicos ficam nas sacadas dos prédios históricos enquanto o público, embaixo, percorre as ruas da cidade.

"O ambiente de Diamantina favorece tudo isso. Temos uma ligação forte com o passado, e a seresta se incorporou ao nosso espírito como se traduzisse a alma do nosso povo", afirma a professora.

Conservatória, em cada casa uma canção

A cidade de Conservatória, distrito do município de Valença, no estado do Rio de Janeiro, formou-se a partir das grandes lavouras de café, trazendo para a cidade os seresteiros em busca de trabalho, riqueza e amor.

No período entre 1860 e 1880, a influência da corte portuguesa levou para a cidade alguns professores de música, principalmente de piano e violino, instrumentos que a alta sociedade prezava àquela época. Da presença dos músicos aos primeiros saraus foi um passo, e Conservatória se fez famosa pela qualidade dos encontros promovidos por nobres famílias que habitavam a região.

Em noites de lua os músicos se reuniam na Praça da Matriz, ao lado do chafariz, do poste de luz a querosene e dos bancos da praça, e faziam uma verdadeira serenata aos fazendeiros, barões e suas famílias, e o povo se postava a distância, assistindo e aplaudindo.

Os tropeiros que traziam as cargas de café de Minas Gerais e que cantavam suas modinhas acompanhadas de violas e violões, aos poucos foram se incorporando aos saraus de rua e fazendo verdadeiras procissões pela cidade, cantando músicas brasileiras bem mais acessíveis aos cidadãos.

"Casinha pequenina", de autor desconhecido e interpretada por Nara Leão, Sílvio Caldas, Clara Nunes, entre outros grandes cantores, é um clássico nas serestas de Conservatória desde essa época.

Casinha pequenina

Tu não te lembras da casinha pequenina
Onde o nosso amor nasceu, ai?
Tu não te lembras da casinha pequenina
Onde o nosso amor nasceu?
Tinha um coqueiro do lado
Que coitado de saudade
Já morreu.
Tu não te lembras das juras, oh, perjura,
Que fizeste com fervor, ai?
Tu não te lembras das juras, oh, perjura,
Que fizeste com fervor?
Daquele beijo demorado
Prolongado que selou
O nosso amor.
Não te lembras, ó morena, da pequena
Casinha onde te vi, ai?
Não te lembras, ó morena, da pequena
Casinha onde te vi?
Daquela enorme mangueira
Altaneira onde cantava
O bem-te-vi?
Não te lembras do cantar, do trinar
Do mimoso rouxinol, ai?
Não te lembras do cantar, do trinar
Do mimoso rouxinol?
Que contente assim cantava
Anunciava o nascer
Do flâmeo sol.

No início do século XX, a cidade já era conhecida pelas serenatas que aconteciam em frente ao grande casarão, que se transformou mais tarde na Casa de Cultura de Conservatória. Entre as muitas histórias de serenatas e causos citados pelos conservatorienses, destaca-se a serenata que o fazendeiro Antônio Castelo Branco fez para a senhorita Lindoca, colocando um piano num pequeno caminhão e cantando seu amor em alto e bom som para que toda a cidade ouvisse.

Na década de 1970 surgiu o projeto das plaquinhas de metal colocadas nas esquinas, nas quais constava, além do nome da música, o nome do compositor. A intenção era medir o interesse da população pela ideia, e o resultado não poderia ter sido melhor. Os moradores se interessaram tanto que quiseram uma plaquinha com o nome de sua música preferida fixada em suas próprias residências. Cada vez mais, Conservatória passou a respirar música, amor e poesia, tornando-se a "Vila das Ruas Sonoras", e o projeto inicial "em cada esquina uma canção" transformou-se no projeto "em toda casa uma canção".

Inspiração que vem de berço

Nascida em Avaré em uma família bastante musical, a idealizadora dos Trovadores Urbanos, batizada Margarida Maria, logo virou Maída, já que seus irmãos não conseguiam falar "Margarida".

Sua mãe, Maria Piedade, foi a estrela do quarto centenário de São Paulo, em 1954, na Rádio Nacional.

Filha do tropeiro Luis do Amaral Piedade, de Itapetininga, Maria Piedade gostava de contar com orgulho que os filhos tinham um avô tropeiro que foi um grande seresteiro. Durante as viagens que ele fazia pelas cidades do interior vendendo animais, não era raro que aproveitasse as noites de luar para tocar e cantar pelas ruas.

Desde a infância, a vida da pequena Maída e de seus sete irmãos sempre teve trilha sonora.

De Angela Maria a Hebe Camargo, de Sílvio Caldas a Nelson Gonçalves, de Chiquinha Gonzaga a Pixinguinha, a casa dos Novaes respirava música e amor, e todos os membros foram iniciados em instrumentos como o violão e o piano.

O irmão mais velho, Juca Novaes, que também é um dos Trovadores, logo cedo iniciou carreira como compositor e aproveitava a desenvoltura dos irmãos para colocá-los em festivais de música do interior para defender suas canções. Sem contar as muitas namoradas que conquistou com os irmãozinhos cantores, a quem ensinou requintes de primeira e segunda voz, além de repertórios românticos e convincentes para amolecer o coração da mais dura senhorita.

O afeto de uma família tão grande e com tantos irmãos era traduzido em versos e cartas de amor que Maída Novaes escrevia para suas amigas. Não demorou para que virasse a escritora oficial de cartas que as meninas de Avaré utilizavam para mandar aos meninos em correio elegante e declarações de amor.

Avaré, no interior de São Paulo, foi a primeira cidade a ouvir os Trovadores Urbanos quando o grupo ainda não tinha sido batizado nem se transformado em um negócio de homenagens, celebração e difusão do afeto.

Amigos e irmãos da família Novaes frequentemente percorriam as ruas da pequena cidade cantando doces melodias de amor, fazendo serenatas a pedido de amigos interessados em impressionar outras garotas ou ainda como diversão de jovens que traziam a música no sangue e um repertório de fazer inveja.

Aos 17 anos, Maída e os irmãos vieram para São Paulo fazer cursinho e faculdade. Enquanto seu irmão Juca seguiu pelo Direito, Maída optou pelo Jornalismo e fez carreira rapidamente como chefe de redação da Rádio Excelsior, hoje CBN.

Da vida boêmia de Avaré ao pragmatismo da vida profissional, com as dificuldades inerentes ao serviço burocrático para quem tem a criatividade como veia motriz e o afeto como missão, não demorou muito para que a rotina colocasse a jovem jornalista em reflexão.

Ela queria mais, queria cantar, queria viver de música, pensava que talvez fosse possível desenvolver uma nova atividade profissional que aproveitasse seu talento musical, sua criatividade e o conhecimento que tinha de músicas e instrumentos.

A república em que morava com os irmãos era uma espécie de refúgio onde podia cantar a vida depois de um maçante dia de trabalho burocrático.

Começava o ano de 1988 e a jovem Maída decide viajar para pensar na vida, queria olhar sua carreira de longe para ver melhor. Queria tomar distância de suas atividades para avaliar a direção a seguir. Queria mudanças pessoais e profissionais.

Romântica e sonhadora, como toda mulher, foi fazer um mapa astral para ver se os astros facilitariam sua tarefa de encontrar o que ela ainda não sabia o que era, mas já ansiava que fosse sua missão.

A resposta das estrelas mencionava grandes mudanças, uma mudança radical mesmo, e que Maída encontraria um amor calmo que lhe traria a segurança para viver seu destino.

Em vez de facilitar as coisas, de clarear as dúvidas e orientar as decisões da jovem, as previsões astrológicas trouxeram-lhe ainda mais dúvidas e questionamentos.

Contudo, a intuição de Maída insistia em apontar um momento de ruptura, de fechamento de ciclo, de decisões definitivas para adentrar um mundo novo.

Começava o ano de 1989 quando Maída Novaes pediu demissão do emprego como chefe de redação da Rádio Excelsior, onde trabalhava com o apresentador Heródoto Barbeiro, e partiu para uma viagem de dois meses à Bahia, mais especificamente Morro de São Paulo.

Para quem pretendia olhar as coisas de outro ponto de vista, distanciar-se para ter uma visão mais abrangente, ela levou essa intenção ao ponto literal, vendo a vida do alto da montanha com a perspectiva no horizonte do mar.

Praia, sol, sol, praia e muita água de coco, horas e horas sem nada específico para fazer levaram Maída a uma profunda reflexão sobre os rumos que gostaria de dar à sua vida. Sozinha, ciente de tudo que já tinha vivido e ansiando viver ainda novas histórias, Maída foi se esvaziando do passado para que o futuro se manifestasse com todas as suas cores.

A ideia de fazer serenatas pelas ruas da cidade não era tão inovadora para quem já tinha vivido essa experiência ainda jovem em sua cidade natal, Avaré. Contudo, fazer serenata em meio à metrópole que é São Paulo, falar de amor enquanto as buzinas e motores vibram em outra frequência e recomendar que as pessoas parassem o ritmo frenético de suas vidas para cantar era um enorme desafio. Era uma experiência que a jovem de 24 anos estava disposta e cheia de energia para enfrentar.

Naquele momento, com a sensação forte de que era esse o caminho que queria seguir, ligou para o irmão Juca afirmando que iria montar uma empresa para fazer serenatas em São Paulo.

Da ideia à ação, ou seria canção?

Embora fazer serenatas fosse uma coisa normal para os irmãos Novaes e alguns amigos, fazer disso uma atividade profissional implicava um compromisso mais sério. O primeiro deles, a formação do grupo que iria cantar, afinal, a serenata que Maída tinha imaginado não era feita só por um cantor.

Além do irmão e de seus amigos músicos, Maída convidou a amiga Valéria Caram, que, embora não fosse de Avaré, tinha se mudado para a cidade e já fazia parte da trupe. Engraçada, completamente animada e descolada para uma cantora quase profissional, Valéria foi uma das primeiras a topar fazer parte da novidade. Tempos depois, acabaria entrando para a família Novaes, quando o irmão dela casou com a irmã de Maída, Lucia Novaes, e do casal nasceu a também cantora Bruna Caram.

A experiência de Juca como compositor e líder do grupo Fruto Primeiro, com disco gravado e premiado em festivais de música do interior, facilitou a reunião de outros músicos para a empreitada das serenatas.

Assim, o grupo que iria realizar as serenatas se formou rapidamente com os amigos e irmãos de Maída. Num primeiro momento assumiram fazer as serenatas o irmão Juca Novaes, a amiga Valéria Caram, o violonista Sérgio Bello e Pedro Moreno, músico que hoje reside na Espanha.

O entusiasmo de todos quase chegou a ser suplantado pela situação econômica do Brasil, que naquele março de 1990 viu a ex-ministra Zélia Cardoso de Mello confiscar o dinheiro dos brasileiros com o Plano Collor.

Com apenas 50 cruzeiros (a moeda da época) na poupança, uma forte ideia na cabeça e um mercado inteiro de apaixonados para conquistar, Maída e seus trovadores começam a empresa de serenatas em uma sala emprestada da cunhada, dentro de um consultório dentário.

Devidamente instalados, a primeira providência foi avisar a cidade de que era possível declarar o amor por meio de serenatas. Então fez-se um anúncio nos classificados da revista *Veja São Paulo* com o seguinte texto: "Ofereça uma serenata a quem você ama". A proximidade do Dia dos Namorados facilitou a demanda e deu forma ao que seria a primeira serenata do grupo que ainda não tinha nome.

Curiosamente, na primeira serenata os Trovadores Urbanos ainda não utilizavam trajes de época nem tinham um cardápio musical elaborado, a não ser as músicas que todos conheciam e que já estavam acostumados a cantar juntos em Avaré, como "Carinhoso", "A rosa na janela (Modinha)", "Eu sei que vou te amar" e outras que sabiam de cor.

Quando o telefone tocou, lá foi a trupe em um Fusca cantar no Dia dos Namorados em frente a uma pizzaria delivery, homenagear o rapaz que trabalhava no caixa. Nem é preciso dizer que foi uma grande festa, as pessoas pararam para ver o grupo adentrando o pequeno lugar para cantar músicas antigas de amor enquanto todos se perguntavam o que estava acontecendo.

Estava dada a largada para um negócio que hoje ultrapassa 100 mil serenatas e homenagens a pessoas de diferentes classes sociais, credos, raças e preferências musicais. Felizmente tinham colocado o pé na estrada com a irreverência de quem segue um sonho, com a disposição de quem não quer somente ver a banda passar, com a coragem de quem sabe que tem algo grandioso a construir.

Juca Novaes, irmão de Maída, músico e produtor musical, naquele momento teve a certeza de que a irmã tinha achado um tesouro: "Não sabia ainda direito que formato essa coisa deveria ter, mas tinha certeza de que fazer serenata era um negócio muito diferente e que não existia nada igual na cidade de São Paulo".

Contudo, o que muita gente não sabe é que essa não foi a primeira serenata oficial, aquela contada em várias entrevistas que o grupo realizou na trajetória de mais de duas décadas.

A primeira mesmo, aquela que foi quase um teste para todos, foi mais trágica que inspiradora e, por isso, combinou-se entre o grupo que seria melhor esquecer o constrangimento da tal situação.

Felizmente, para alegria dos fãs e dos milhares de pessoas já homenageadas pelas canções dos Trovadores Urbanos, o ocorrido não desmotivou o grupo de seresteiros.

A serenata número zero, se é que podemos chamar assim, foi contratada por uma amante. Claro que ninguém sabia sobre isso, e lá foram os Trovadores felizes da vida cantar para a primeira pessoa que tinha ligado depois de ver o anúncio na revista. Maída e Valéria, para não cederem ao nervosismo, acabaram levando as letras das músicas em uma pastinha e nem vestiam trajes de época. Foram mesmo de calça jeans, tênis e camiseta, cantar em frente a um sobrado no bairro do Brooklin.

O grupo foi chegando embaixo da janela e cantando lindamente, até que no andar de cima do sobrado apareceu um homem com um bebê no colo, quase ao mesmo tempo em que na janela do andar de baixo apareceu uma mulher com cara de quem comeu e não gostou.

Claro que os cantores pensaram que a doçura das melodias amoleceria qualquer coração mais endurecido, só que a situação era outra.

Ou seja, alguém que não fazia parte daquela família tinha feito a oferenda musical para constranger o rapaz que acabara de ser pai.

Na esquina, acompanhando toda a situação, estava a mulher que contratara a serenata, divertindo-se com a saia justa em que todos estavam metidos.

Num momento de imenso nervosismo, quando deveriam ter batido em retirada em vez de continuar cantando, as trovadoras Maída e Valéria acabam caindo na gargalhada, rindo tanto e tanto que choravam e sorriam e não conseguiram cantar mais nada, nem sair do lugar. Ficaram lá em crise de riso, hipnotizadas pelo inusitado do ocorrido enquanto as cortinas da casa se fechavam, deixando a mulher que ofereceu a serenata do lado de fora e os Trovadores pensando no que fazer em situações como aquela.

Juca e Pedro Moreno continuaram tocando seus violões, mas pensavam com seus botões: "Em que fria fomos nos meter!".

Ganhando a mídia

Na mesma noite da aparente catástrofe, a serenata oferecida a um delegado que morava no bairro da Bela Vista deu novo ânimo ao grupo e tornou ainda mais forte no coração de Maída Novaes e de seus amigos aquela sensação de ter achado um caminho diferenciado.

Em paralelo à carreira que se iniciava nos Trovadores, que ainda não eram conhecidos por esse nome, Juca Novaes gravava um disco com Eduardo Santhana e o convidou para fazer parte do grupo de cantores de serenata, uma vez que Sérgio Bello e Pedro Moreno tinham saído para se dedicar a outro trabalho. Era agosto de 1990.

A movimentação que a presença do grupo de cantores causava nas ruas e a proposta inédita de fazer homenagens delicadas através de serenatas, em meio à caótica rotina da cidade grande, levaram rapidamente o grupo para os programas de rádio e televisão.

Maída Novaes ficava cada dia mais segura sobre sua escolha. Bastava ver a emoção das pessoas diante das serenatas, o sorriso largo de felicidade que os clientes que ofereciam a cantoria abriam, para ela pensar que o maior patrimônio dessa sua iniciativa era acreditar que na impessoalidade das grandes cidades ainda existia amor.

Vale lembrar que durante muitos meses o grupo ficou sem nome, sendo conhecido apenas pelo nome das serenatas. Certa vez, Juca e Maída, quando ainda moravam num apartamento na Alameda Franca, em São Paulo, receberam a jornalista Bel Ascenso, do *Jornal da Tarde*, para darem a primeira entrevista sobre a carreira do grupo.

Em dado momento a jornalista pede licença para ir ao banheiro, mas antes avisa que era preciso dar um nome ao grupo, senão a matéria não sairia.

Os irmãos ficaram em pânico, pois não tinham se decidido ainda por um nome para batizar nem a atividade nem o grupo.

Minutos depois a jornalista volta e ela mesma sugere o nome: Trovadores Urbanos.

E permaneceu esse mesmo, um nome oferecido por uma jornalista para outra jornalista.

O apresentador Jô Soares, ainda com seu programa *Jô Onze e Meia*, no SBT, foi um dos primeiros a entrevistar os músicos. Depois vieram grandes matérias no *Estadão* e em outros jornais, e daí em diante foi uma loucura de aparições em entrevistas, que traziam ainda mais e mais trabalhos e eventos para o grupo.

Uma matéria de cinco páginas na revista *Veja* e até um *Globo Repórter*, na Rede Globo, contaram a história do grupo de irmãos e amigos que trouxeram o hábito das serestas de interior para a cidade grande. Nessa época, o grupo chegou a fazer cerca de oitenta serenatas por mês.

Por meio da divulgação da ideia de cantar para as pessoas embaixo das janelas, na rua, em locais públicos, Maída Novaes enfatizava sua percepção de que a cidade grande também é um celeiro repleto de sentimentos humanos que ficam esquecidos pela correria e a impessoalidade das relações. Contudo, é por meio da música, das emoções que elas fazem aflorar, que os valores mais nobres dos cidadãos são resgatados, e isso contribui para uma vida mais plena de afeto.

"A serenata dos Trovadores Urbanos é uma homenagem aos bons sentimentos que nunca sairão de moda. Precisamos desses valores para viver bem", disse a Jô Soares, em rede nacional de televisão, a sonhadora idealizadora do grupo, para quem o prazer de cantar e levar alegria para as pessoas é uma missão.

A empresa Trovadores Urbanos

As linhas telefônicas constantemente congestionadas e mais e mais pedidos de serenatas estimularam a trovadora a pensar em outras formas de homenagem, não somente para apaixonados, mas também para pais e filhos, amigos e até celebrações profissionais.

Daí nasceu a MMP Produções e Eventos, empresa fundada por Maída Novaes e seu marido Marcelo Baccarini, em 1990. Além de administrar a carreira do grupo vocal formado por Maída e Juca Novaes, Valéria Caram e Eduardo Santhana, oferece diversos outros serviços de homenagens, telegramas animados, produção de eventos temáticos e palestras, tendo a música como principal agente de entretenimento.

Ao longo dos anos também atuou na área de shows, representando os artistas Sílvio Caldas, Tom Zé e Walter Franco.

Tão logo as serenatas fizeram sucesso, as pessoas se acostumaram a oferecer as homenagens e a solicitar os músicos para cantar em eventos, datas especiais e celebrações. Então, foi necessário ampliar o número de cantores, uma vez que os quatro trovadores originais, cada qual com sua carreira profissional paralela, não tinham condições de atender à grande demanda.

O número de músicos participantes do projeto Trovadores foi aumentando, chegando a ter, em épocas de pico, como mês das mães, dos pais e Natal, mais de uma centena de profissionais de grande qualidade vocal e artística circulando pelas cidades.

Como as serenatas têm a formação necessária para impressionar e satisfazer desde a plateia de um único homenageado até muitos convidados, em apresentações em eventos ou festas em espaços abertos ou grandes estruturas, era necessário ter músicos e instrumentistas com desenvoltura para tocar e cantar em vários ambientes.

Assim, foram sendo incorporados novos talentos, muitos hoje com quase duas décadas de serenatas, enquanto outros passam por rápidas experiências e seguem seu caminho, deixando boas lembranças.

O repertório é o item principal da serenata dos Trovadores Urbanos. Quem já viu mais de uma apresentação deles acredita que está vendo a mesma serenata de 25 anos atrás, justamente porque o encadeamento das músicas principais é a marca registrada do grupo. Contudo, é justamente no formato consistente das melodias apresentadas que reside o sucesso dos cantadores. As músicas que qualquer um sabe cantar de cor e salteado, como "Carinhoso", "A noite do meu bem", "Eu sei que vou te amar" e alguns sucessos de Roberto Carlos, acabam agradando todos os convidados e homenageados.

Contudo, a música especial, aquela que toca o homenageado, é a cereja do bolo para que toda a celebração se torne inesquecível. Ver e ouvir fatos importantes de sua vida cantados pelos seresteiros faz qualquer um reviver as emoções e sentimentos, e é essa sensação boa que as serenatas provocam.

Do começo romântico ao *pot-pourri* com os melhores trechos de músicas famosas e melodias alegres no final da serenata, os Trovadores conseguem encantar e chamar atenção pela delicadeza com que se apresentam.

Não bastasse o repertório romântico, o grupo de trovadores também tem o diferencial da vestimenta, modelitos charmosos e românticos da década de 20.

Até chegar a esse formato idealizado por uma figurinista própria, Graça Busko, em 1994, os trovadores improvisavam com vestidos comprados em brechós. Eram modelos inspirados no filme *O Grande Gatsby*, com bordados de pedrarias, colares compridos, comprimento da saia abaixo do joelho, cintura baixa, enfeites no cabelo e sapato boneca.

Essa indumentária contribuiu também para provocar uma experiência de volta ao passado aos seresteiros. Os homens do grupo, talvez seguindo a elegância dos velhos menestréis, sempre se apresentaram de terno e gravata, mas acrescentaram o chapéu para combinar melhor com o ar nostálgico das meninas.

A inovação, para manter o grupo atualizado com novas gerações e demandas do mercado, veio ao longo do tempo e obrigou a empresa Trovadores a lançar outros produtos de homenagens para atender quem já conhecia as serenatas e queria uma nova forma de celebração. E também os novos clientes, que pediam algo mais moderno. Assim nasceram os telegramas animados.

PERSONAGENS E SERENATAS

Das homenagens fonadas, que são serenatas cantadas ao telefone para quem está distante, até homenagens mais elaboradas, com cantores fantasiados, a empresa Trovadores inventou de tudo para promover o amor e satisfazer os clientes apaixonados. Já foram enviadas mais de 3 mil serenatas para brasileiros que moram no exterior. Em formato de CD enviado por correio ou fonadas (os Trovadores ligam para o número do homenageado e cantam uma canção dizendo que é um oferecimento da pessoa tal), é possível fazer um carinho em pessoas queridas que estão em outra cidade ou outro país.

Lançado em 1996, o primeiro produto que não era uma serenata, mas cumpria o objetivo de falar de amor e espalhar romantismo pelas ruas, foi o Coração Apaixonado. A estreia da fantasia de coração, que mede 160 cm de largura e deixa apenas a cabeça, as mãos e pernas da atriz de fora, não foi muito animadora.

Uma sisuda família de japoneses que morava em Suzano foi a primeira a ver o coração e não achou graça alguma. A própria Maída fez a *performance*, recitou versos de amor, cantou, pulou o que conseguiu com aquele peso todo e nada de a família achar graça ou se sensibilizar.

Em compensação, na mesma noite, uma família de Higienópolis também quis conhecer a novidade e contratou serenata e coração. Como a ideia do coração e o feitio da fantasia tinham sido coisa da cabeça da idealizadora dos Trovadores, ninguém sabia, só ela. Então, quando Maída chegou para a segunda serenata da noite, ouviu vozes conhecidas ao parar na porta de entrada da casa. Nem pôde acreditar: os seresteiros estavam no mesmo evento.

O irmão Juca e Edu caíram na maior gargalhada e não conseguiram mais olhar para a fantasia quando Maída entrou na sala toda saltitante gritando o nome do homenageado da noite: "Azeitonaaaaaa, eu vim aqui só pra te ver!".

O sucesso do Coração Apaixonado foi tão grande que logo no segundo mês foram feitas 300 apresentações dele, e o personagem acabou sendo capa da revista *Veja São Paulo* no Dia dos Namorados de 1997.

A partir do Coração Apaixonado novos personagens foram criados. A Fada Madrinha, por exemplo, não passa despercebida quando chega às festas de aniversário ou festinhas do escritório.

Como toda boa fada eternizada pelos desenhos de Walt Disney, ela aparece com seu esvoaçante vestido azul cantando "Bibidi-bobidi-bu" para realizar o desejo dos homenageados.

Para quem já foi criança um dia, a cena faz qualquer um voltar no tempo e lembrar-se dos desejos mais singelos e puros de um mundo melhor e de felizes para sempre.

Bibidi-bobidi-bu

Salagadula mexegabula bibidi-bobidi-bu
Junte isso tudo e teremos então
Bibidi-bobidi-bu
Salagadula mexegabula bibidi-bobidi-bu
Isso é magia, acredites ou não
Bibidi-bobidi-bu
A salagadula é... nem eu entendo este angu
Mas a mágica se faz dizendo
Bibidi-bobidi-bu
Salagadula mexegabula bibidi-babidi-bu
Junte isso tudo e teremos então
Bibidi-bobidi, bibidi-bobidi, bibidi-bobidi-bu

Os movimentos por uma vida saudável, o crescimento dos grupos de corrida, fitness e até a grande demanda por serenatas pelas pessoas mais velhas levaram a MMP a pensar em uma personagem para fazer homenagens e eventos brincando com esse tema.

Primeiro pensaram em fazer um atleta de maratona chegando todo esbaforido ao evento, pedindo água e defendendo que todo mundo deveria praticar esportes. Depois pensaram em um artista gordinho que poderia chegar contando que estava de dieta e pedindo a cumplicidade dos convidados da festa para continuar emagrecendo. Felizmente, depois de muito pensar em como o tema da vida saudável poderia se transformar em um telegrama animado, que integrasse os convidados de um evento, chegou-se à figura da enfermeira.

Mais do que provocar a reflexão sobre uma vida saudável e o cuidado com a saúde, a personagem aproveita para fazer, de brincadeira, um verdadeiro *check-up* no homenageado, utilizando instrumentos médicos, como estetoscópio, martelinho de reflexos, medidor de pressão e termômetro. No final da apresentação ela simula um teste ergométrico, convidando todos da festa para dançarem junto, e a homenagem termina com a distribuição de pílulas de afeto.

Outro personagem de homenagens nasceu da solicitação de uma cliente que queria homenagear o pai, fã de Charles Chaplin.

A cliente já havia contratado quatro serenatas para celebrar o aniversário do pai, e, quando ligou para contratar a quinta, perguntou se não tinha alguma homenagem com a figura de Charles Chaplin.

Naquele momento ainda não existia nada assim temático, mas a atendente respondeu que poderia consultar a chefe e ligaria mais tarde.

Foi um tal de queimar neurônio para imaginar como uma serenata poderia usar um personagem do cinema mudo. Mas, como criatividade não tem limites, criaram o personagem Carlitos, uma figura com forte apelo visual.

O problema é que a serenata seria dali a dois dias, e naquele primeiro momento não conseguiam imaginar quem aceitaria se transformar no personagem.

No dia seguinte, a solução foi chamar uma trovadora bem magrinha e vesti-la com um terninho preto, fazer um bigodinho com delineador preto e emprestar-lhe um sapato preto enorme do irmão da Maída, que morava perto do escritório. Pronto, tinha nascido um Carlitos improvisado que emocionou tanto o cliente que nos dois anos seguintes ele foi contratado novamente para homenagear a mesma pessoa.

Embora os personagens dos telegramas animados não façam serenatas, eles atendem os clientes que buscam uma forma diferenciada de demonstrar afeto, presentear e prestigiar as pessoas queridas. A personagem mulata assanhada, por exemplo, nasceu com o objetivo de animar reuniões de empresas, encontros de amigos ou festas familiares.

A graça da apresentação começa logo que ela chega ao local do evento. Embrulhada em um imenso saco de presente, só com os pés para fora, a mulata vem incógnita dentro do lindo saco e só aparece quando o homenageado puxa o laço de fita.

Com um gingado próprio das mulatas, ela não fala nada, a não ser dar os parabéns para o aniversariante ou cumprimentar alguém especial, e dança três músicas, fazendo qualquer passista de escola de samba se encolher com sua *performance*.

A criação de um personagem, contudo, não vem sempre da necessidade do cliente. Alguns nasceram como um produto para atender o público de acordo com a faixa etária dos homenageados e também para situações especiais, como batizados, nascimentos e primeira comunhão.

É o caso do Anjo da Guarda, caracterizado como nas imagens dos querubins das igrejas e livros, com um camisolão azul-claro, asas branquinhas e cabelo encaracolado. Chega cantando cantigas de ninar e doces cantigas infantis e faz o já mole coração de pais e padrinhos derreter ainda mais.

Ao contrário da delicadeza do anjo, o Santo Antônio casamenteiro faz a alegria das festas de amigas, despedidas de solteira e reuniões familiares. Com um batinão marrom, bem ao estilo franciscano, o "Santo Antônio" também não canta, mas faz paródia citando alguns defeitos da homenageada, dando dicas para o casamento dar certo e abençoando todas as moças presentes na festa.

Seresta de Sexta

Dez anos depois de começar a empresa Trovadores na sala emprestada, a MMP conquistou sua sede própria no bairro de Perdizes, zona oeste da capital paulista. O sobrado, que parece saído de livros de histórias infantis, tem uma grande janela no andar de baixo onde são colocados enfeites temáticos de acordo com a época do ano.

Já no andar de cima, a pequena varanda vem sendo palco de mais um momento de integração dos Trovadores com a cidade.

Quando completou 20 anos de serenatas, a MMP lançou a Seresta de Sexta, com o intuito de fazer da sede do grupo musical um ponto de referência na cidade, local para marcar a pedra fundamental de onde partem os músicos que vão cantar pelas ruas e avenidas.

A partir das 20 horas, toda sexta-feira, mesmo com chuva, um casal de seresteiros sai na janela do segundo andar da Casa dos Trovadores, na Rua Aimberê, 651, para oferecer uma serenata aos cidadãos.

As apresentações com voz e violão começam em clima romântico, enquanto as pessoas vão se aglomerando embaixo da janela, já do lado de dentro do portão da casa.

Para acolher melhor os interessados em ouvir a serenata, os Trovadores hoje já oferecem banquinhos para os idosos apreciarem a cantoria com mais conforto e um pipoqueiro com uma daquelas tradicionais carrocinhas para cuidar de entreter as crianças.

Já quase no final da serenata os músicos descem da varanda para cantar pertinho das pessoas e a noite termina com o público escolhendo as músicas que quer ouvir. Para tornar a Seresta de Sexta ainda mais especial, a cada estação marcante, como Natal, festa junina ou carnaval, o repertório e a decoração do lugar mudam, criando um clima novo para quem já é visitante constante. As luzinhas coloridas e uma pintura ilustrando as serenatas de antigamente dão o toque romântico e emolduram o cenário.

Hoje, a Seresta de Sexta já consta do calendário de atividades turísticas da cidade de São Paulo.

Promovendo músicas brasileiras, serestas, sambas e marchinhas, as apresentações estão ficando mais interessantes a cada ano. Em 2015, por exemplo, como parte das comemorações pelos 25 anos do grupo, Maída Novaes inovou no roteiro.

Durante o carnaval, além da cantoria, os músicos contavam curiosidades sobre os famosos concursos de marchinhas carnavalescas na década de 30 e as polêmicas que existiam, incluindo a venda de canções.

Além do entretenimento musical, o público presente à Seresta de Sexta ficou sabendo, por exemplo:

Que Chiquinha Gonzaga deu o grito inicial com "Ô abre alas" em 1889, e a folia durou até os anos 70. Ou seja, no país do samba, as marchinhas dominavam o carnaval.

Que Sílvio Caldas ganhou o concurso de carnaval com "Linda morena", de Braguinha. O resultado inicial do concurso foi impugnado dias depois, e "Jardineira", que era o segundo lugar, acabou ficando em primeiro, em 1936.

❧ Que em 1930 três marchinhas bateram recorde de vendagem de discos: "Taí", de Joubert de Carvalho, "Dá nela", de Ary Barroso, e "Na Pavuna", de Candoca da Anunciação e Almirante. "Dá nela" foi a vencedora do concurso promovido pela gravadora Odeon para coroar a melhor música de carnaval de 1930. Com os cinco contos de réis que ganhou, Ary pôde concluir o bacharelado em Direito e se casar.

❧ Que "Pra você gostar de mim", mais conhecida como "Taí", foi a música que marcou o primeiro sucesso de Carmen Miranda e a consagrou pelo resto da vida.

❧ Que no carnaval de 1931 a música "Se você jurar" foi defendida pelos seus compositores Ismael Silva, Nilton Bastos e Francisco Alves num concurso de sambas e marchinhas de carnaval promovido pela Casa Edson. A autoria desse samba também é envolta em polêmicas. Ismael Silva e Nilton Bastos, do Estácio, fizeram um acordo com o cantor: tudo que ele gravasse da dupla seria de autoria dos três. Quando Nilton Bastos morreu, Noel Rosa entrou em seu lugar. Mas, depois que ficaram famosos, tanto Ismael quanto Noel brigaram com Chico Alves, alegando que era mesquinho, explorador, frio e insensível. Como Chico trabalhava com carros, e Noel queria comprar um, mas não tinha dinheiro, o cantor ofereceu-lhe um carro "baratinho, que podia ser pago em sambas".

Vida corporativa

Se a música dos Trovadores Urbanos faz sucesso junto às famílias, por que não trilhar também um caminho corporativo, oferecendo às empresas uma série de produtos que podem emocionar e motivar suas equipes profissionais, clientes e fornecedores?

Enquanto a competitividade do mercado corporativo sugere concorrência acirrada e posturas cada vez mais endurecidas, a proposta dos Trovadores Urbanos de levar música para o ambiente empresarial acaba rompendo barreiras e resistências, além de estimular as equipes de trabalho.

A palestra-show dos Trovadores Urbanos, por exemplo, destaca o afeto como a base para o sucesso nos negócios. Em um mercado em que os produtos e preços das empresas são cada vez mais parecidos, é a partir do entrosamento da equipe de trabalho que se marca presença e se ganha produtividade. Ou seja, são as pessoas que, no mundo globalizado, fazem a diferença.

Para dar início a essa vertente de colocar o afeto escancaradamente na vida das empresas, lembrando que antes de profissionais os funcionários são pessoas, independente do nível hierárquico a que pertençam, Maída Novaes teve uma bela dor de barriga. Literalmente.

Estava a trovadora tranquilamente trabalhando no escritório dos seresteiros, quando uma de suas grandes amigas telefona e faz um pedido nada comum: apresentar uma palestra no evento da empresa em que ela trabalhava.

A princípio Maída pensou que fosse para fazer uma serenata de homenagem aos funcionários, mas a mulher insistiu que não queria serenata nem telegrama animado, queria que a seresteira fosse contar sua história em formato de palestra motivacional para os alunos de pós-graduação em negócios do entretenimento numa das unidades do Serviço Nacional de Aprendizagem Comercial – Senac.

Depois de muita insistência por parte da amiga, a trovadora aceitou a incumbência e começou a pensar no que iria contar de interessante na tal palestra.

Uma semana após o contato, a mulher liga para confirmar a data da palestra e avisa que junto com Maída também estaria palestrando no evento o filho de Tomie Ohtake, ex-secretário da Cultura do estado de São Paulo.

Foi aquele frio no estômago, mas já não dava mais para desistir – a trovadora teria de enfrentar as feras e, em vez de cantar, deveria encantar a plateia com a história de sua vida, dos trovadores e das serenatas pelo Brasil.

Apesar da dor de barriga, que quase impediu a trovadora de aparecer no evento, e tirando o nervosismo, que fez com que Maída derrubasse os três copos de água que havia sobre a mesa de apoio em cima do palco improvisado na empresa, a palestra foi um sucesso.

Os alunos ficaram emocionados com os causos, com o empreendedorismo e ainda mais com a perseverança da moça em falar de amor, afeto e homenagens em pleno século XXI.

Esse *feedback*, além de ter sido um bálsamo para todo o sofrimento causado pela expectativa da primeira palestra, levou Maída a desenvolver uma série de outros temas, oferecendo ao mundo corporativo uma possibilidade de aproximar, motivar e envolver os funcionários através da boa música brasileira.

Mais recentemente, nessa área de palestras, o alvo dos Trovadores foram as escolas, por meio da palestra Seresteiros do Brasil, que visa levar aos alunos um pouco sobre a história da seresta e dos seresteiros no país.

A viagem no tempo proposta nessa apresentação começa em 1900, com os tropeiros e as primeiras serenatas, as tradições das cidades do interior, as cantorias que contam histórias folclóricas. Os Trovadores cantam e apresentam aos alunos grandes nomes da música, como Nelson Gonçalves, Sílvio Caldas, Orlando Silva, Pixinguinha, entre outros.

Bastidores

Uma empresa que tem no seu DNA a missão de valorizar e promover o afeto acaba parecendo mais uma grande família do que uma organização social que visa o lucro, como bem define o dicionário corporativo.

Se essa postura trouxe mais alegrias do que dissabores, a verdade é que os funcionários da MMP Produções, vulgo Trovadores Urbanos, são reconhecidos por seus talentos e contribuição para que o show nunca pare.

Foi nesse espírito familiar que seu Oliveira teve seu momento de trovador.

Seu Oliveira trabalhava como motorista de táxi no ponto em frente à casa dos Trovadores, no bairro de Perdizes.

Frequentemente chamado para levar o enorme Coração Apaixonado para as serenatas, um dia seu Oliveira confidenciou que gostaria de fazer parte da trupe e ser treinado para fazer um telegrama animado, já que sua voz não dava para encarar uma serenata como cantor e ele não sabia tocar nenhum instrumento.

Para atender seu pedido, os Trovadores providenciaram ao seu Oliveira um treinamento básico como Papai Noel, e no Natal lá foi ele junto com três outros músicos participar do quarteto dos Noéis, cantando em casas de família na noite de Natal, tocando sino e distribuindo presentes aos familiares.

A noite inesquecível e emocionante do seu Oliveira hoje é motivo de história contada para os americanos, uma vez que ele deixou o Brasil para morar nos Estados Unidos.

A figurinista Graça Busko, por sua vez, já foi diretora de figurino da TV Cultura e costuma ficar de plantão nos fins de semana para corrigir qualquer deslize no figurino dos cantores e músicos. Não é raro ver Graça em brechós e lojas da 25 de Março – tradicional rua de comércio no centro de São Paulo – em busca de luvas, colares de pérolas, chapéus e gravatas para os seresteiros.

Já a cantora Bruna Caram, sobrinha de Maída e Juca Novaes, filha de Lucila e neta de Maria Piedade, que hoje trilha carreira solo com composições próprias e estreou na televisão como atriz em novela da Rede Globo, teve nos Trovadores seu ambiente musical inicial.

Vendo os tios frequentemente na televisão e saindo pelas ruas fazendo serenatas, Bruna, junto com outros primos e amigos, insistiu para que a tia formasse um grupo infantil de cantores.

Dos 9 aos 15 anos Bruna cantou nos Trovadores Mirins, e durante mais quatro anos fez serenatas pelas ruas com a equipe de trovadores.

Aos 20 anos decidiu investir na carreira de cantora e hoje engrossa a safra de belas vozes femininas que apostam na música popular brasileira.

Grupo vocal - o romantismo caminha da rua para os palcos

A iniciativa de fazer serenatas pela cidade cresceu rapidamente, impulsionada pela novidade do serviço e pela qualidade do repertório dos músicos, exclusivamente música popular brasileira de grandes e inesquecíveis compositores.

Assim, em 1991, paralelamente à carreira de serenatas, o grupo vocal formado pelos quatro irmãos e amigos iniciou uma trajetória de shows, participando do projeto "Via Paulista", do Sesc Pompeia (SP).

Nesse ano também ingressa no grupo de seresteiros o experiente violonista Gereba, ex-integrante do grupo baiano Bendegó. O músico atuou com os Trovadores até 1993, tendo colaborado inclusive com a gravação do primeiro disco deles.

Durante a prática de serenatas, o grupo tinha feito uma homenagem especial ao seresteiro Sílvio Caldas. Este, encantado em ser interpretado pelas jovens vozes dos Trovadores Urbanos, sugeriu uma parceria musical, e assim nasceu uma temporada de shows dos seresteiros com seu ídolo, em São Paulo e no Rio de Janeiro. A estreia do show dos Trovadores Urbanos com Sílvio Caldas aconteceu no então badalado 150 Night Club do Hotel Maksoud Plaza, em São Paulo, palco de shows inesquecíveis para a cidade: B. B. King, Michel Legrand, Joe Williams, Carmen McRae, Lionel Hampton, Billy Eckstine, Bobby Short e mestres do blues como Buddy Guy, Junior Wells e Alberta Hunter.

Em 1993 os Trovadores davam início à carreira de shows e à gravação de CDs. O primeiro, pela RGE, intitulado simplesmente *Trovadores Urbanos*, incluía canções como "Eu sei que vou te amar" e "Eu não existo sem você" (ambas de Tom Jobim e Vinicius de Moraes), "Minha namorada" (Carlos Lyra e Vinicius de Moraes), "Modinha" (Sérgio Bittencourt), "Carinhoso" (Pixinguinha e João de Barro), entre outras. Chegaram a 7 CDs e 1 DVD gravado ao vivo, nos primeiros vinte anos de carreira.

A realização de mais de 800 shows pelo Brasil fez o quarteto vocal dividir o palco com importantes nomes da música brasileira, como Inezita Barroso, Paulo Vanzolini, Toquinho, família Caymmi, Guilherme Arantes e Vanusa.

O CD *Serenata*, por exemplo, é marcante e histórico, pois trata-se do último registro fonográfico do seresteiro Sílvio Caldas cantando "Beco sem saída", de sua autoria. No repertório desse CD estão canções românticas, como "Boa noite, amor" (José Maria de Abreu), "Por causa de você" (Tom Jobim e Dolores Duran), "Dindi" (Tom Jobim e Aloysio de Oliveira), "Preciso aprender a ser só" (Marcos Valle e Paulo Sérgio Valle), "Lunik 9" (Gilberto Gil), entre outras.

Enquanto as serenatas seguiam fazendo sucesso e abrindo possibilidades para ainda mais músicos e cantores a fim de atender a imensa demanda da cidade, o grupo vocal se distanciava das ruas e ganhava os palcos da capital e do interior de São Paulo, realizando temporadas em espaços como o Vou Vivendo Bar, Supremo Musical e Teatro Brincante.

Corria o ano de 1997 quando se concretizou o projeto "Brejeiro", com um disco contendo clássicos da música popular brasileira e um show dirigido por Myriam Muniz, em cartaz durante três meses no Teatro Brincante (SP).

Já em 1999 nascia o *Canções Paulistas*, com base em uma pesquisa musical de Zuza Homem de Mello. O disco, oferecido

como brinde cultural da empresa Eletropaulo, em São Paulo, registrou uma homenagem a compositores paulistas, como Tito Madi, Bob Nelson, Carlinhos Vergueiro, Paulinho Nogueira, Itamar Assumpção, Walter Franco, Paulo Vanzolini, entre outros. O lançamento do CD aconteceu com toda a pompa e circunstância na Estação Júlio Prestes, e contou ainda com shows no Teatro São Pedro (SP), com direção de Tito Teijido.

O ineditismo do repertório e a qualidade vocal do grupo acabou rendendo também uma participação especial dos Trovadores Urbanos na novela *Vila Madalena*, de Walter Negrão, exibida na Rede Globo em 1999.

Ao completar dez anos de existência, contabilizando mais de 15 mil serenatas e cerca de 300 shows, alguns ao lado de artistas como Cauby Peixoto, Inezita Barroso, Sílvio Caldas, Ná Ozzetti, Claudette Soares e José Domingos, o grupo dá início a turnê de grande sucesso pelo interior do estado de São Paulo com o show "Canções Paulistas".

Para perder o caráter bairrista e privilegiar a boa música além dos limites paulistas, o grupo lança em 2001 o CD *Copacabana*, com repertório selecionado por Zuza Homem de Mello e arranjos vocais e direção musical de Maurício Maestro. Claro que as belezas da Cidade Maravilhosa e o gingado da bossa nova estão presentes em canções como "Copacabana" (João de Barro e Alberto Ribeiro), "Sábado em Copacabana" (Dorival Caymmi e Carlos Guinle) e "Fim de caso" (Dolores Duran). E seguem melodias como "Nesse mesmo lugar" (Klécius Caldas e Armando Cavalcanti), "Poema do olhar" (Jair Amorim e Evaldo Gouveia), "Duas contas" (Garoto), "Encontro com a saudade" (Nilo Queiroz e Billy Blanco), "Se queres saber" (Peter Pan), "Bar da noite" (Bidu Reis e Haroldo Barbosa), "Você não sabe amar" (Dorival Caymmi, Carlos Guinle e Hugo Lima), "Vingança" (Lupicínio Rodrigues), "Nossos momentos" (Haroldo Barbosa e Luiz Reis), "Zum zum" (Paulo Soledade e Fernando Lobo) e "Caminhemos" (Herivelto Martins).

A repercussão com o trabalho leva o disco a ser lançado também no Japão e em Portugal no decorrer de 2003, e o repertório foi apresentado em quatro shows no Teatro São Pedro, em São Paulo, com grande sucesso de público.

Em 2004 os Trovadores voltam às novelas. Três gravações extraídas do CD *Canções Paulistas* foram incluídas na trilha sonora da minissérie *Um só coração* (Rede Globo): "Viola quebrada" (Mário de Andrade), "João de Barro" (Muibo Cury e Teddy Vieira) e "Cabocla Tereza" (João Pacífico e Raul Torres), e o grupo vocal é atração na festa de lançamento da novela promovida pela Rede Globo, na Casa do Imigrante.

Comemorando vinte anos de carreira, o grupo lançou, em 2010, o CD *Amor até o fim,* com clássicos da música brasileira das décadas de 1960, 1970 e 1980. Com direção musical de Pichu Borrelli, o disco traz no repertório "Espanhola" (Flávio Venturini e Guarabyra), "Amor até o fim" (Gilberto Gil), "Você abusou" (Antônio Carlos e Jocafi), "Vieste" (Ivan Lins e Vitor Martins) e "Clube da Esquina 2" (Milton Nascimento, Lô Borges e Márcio Borges).

Música brasileira para exportação

O que havia começado como um sonho de jovens talentosos que cantavam para amigos na cidade de Avaré (SP) acabou se transformando em promoção da música brasileira em praças internacionais. De São Paulo para o mundo, os Trovadores Urbanos fizeram quatro turnês internacionais entre 1993 e 2003, cantando em Portugal, França, Espanha e até nos Emirados Árabes Unidos.

E essa história também começou com serenata. Em uma noite de 1993, os organizadores de um evento contrataram os Trovadores para receber os convidados. A adida cultural da França no Brasil, Dominique Besse, estava entre os convidados da noite, e, emocionadíssima ao ouvir a serenata, comentou que tentaria levar o grupo para cantar na França, contanto que eles conseguissem as passagens – todo o resto seria por conta dela.

Nem precisou falar duas vezes. No dia seguinte estavam os quatro trovadores mobilizados em conseguir patrocínio para as passagens, que acabaram sendo oferecidas pela Vasp.

O grupo de trovadores ficou um mês inteiro na Cidade Luz e circulando nos vilarejos próximos. Foram também a Saint-Lary Soulan, nos Pirineus, onde fizeram uma das mais lindas e emocionantes serenatas dessa turnê.

Em uma das muitas vezes em que se apresentaram em elegantes restaurantes, viram uma senhora que começou a chorar muito durante a música "Eu sei que vou te amar". Encerrada a serenata, os trovadores foram falar com ela e saber o porquê das lágrimas. Pois a senhorinha, que não sabia nada do idioma português, afirmou que não podia entender a letra da música, mas que ela lhe transmitiu muita emoção e a fez lembrar do falecido marido.

Da França para Portugal a distância foi de apenas 365 dias. Corria o ano de 1994 quando se apresentaram no Teatro Municipal de Guimarães, Cidade Berço de Portugal, e em 1998, durante a última exposição mundial do século XX, estiveram na Expo 98, em Lisboa.

O grupo se apresentou representando São Paulo, com um repertório de grandes autores da música popular brasileira, em especial os paulistas, como Adoniran Barbosa. Além das serenatas pelos corredores da exposição, que ocupou uma área de 60 hectares, eles também apresentaram o espetáculo "Brejeiro".

Serenata das Arábias

Os Trovadores Urbanos foram para os Emirados Árabes em dezembro de 2003. Anualmente o governo brasileiro, através da Agência Brasileira de Promoção de Exportações e Investimentos (Apex), em parceria com a Brasil Música e Artes (BM&A), participa de feiras de negócios internacionais, promovendo o país para abrigar eventos e ser roteiro de férias para os turistas.

Os estandes nessas feiras costumam apresentar atrações que chamem a atenção do visitante e que tenham alguma característica do país, e vale tudo nessa promoção do destino: mostrar filmes das belas praias, levar passistas e bateria de escola de samba, distribuir guloseimas e até levar *chefs* para preparar os pratos durante o evento.

Nesse ano, a produtora do estande convidou o quarteto de seresteiros para participar durante três dias do evento. Eles desfilaram com a música brasileira pela orla de Dubai, ponto de encontro da 1ª Semana Brasil em Dubai – Brazilian Week and Trade Exhibition, com abertura do ex-presidente Luiz Inácio Lula da Silva e a presença de ministros, autoridades e empresários empenhados em desenvolver as relações comerciais com os Emirados Árabes.

Além dos Trovadores, atrações bem brasileiras como a escola de samba Gaviões da Fiel, a cantora Fernanda Porto e a Companhia Barrica do Maranhão entusiasmaram um público de mais de 500 convidados, interessados na diversidade de ritmos e cores das apresentações. A marca romântica e performática dos Trovadores encantou os árabes num jantar realizado a céu aberto, entre os hotéis Jumeirah Beach e Burj Al Arab, o único sete estrelas do mundo.

Os Trovadores Urbanos fizeram ainda uma série de apresentações em diversos pontos de Dubai, como os restaurantes dos luxuosos hotéis da orla e o local onde foi realizada a feira de negócios.

O sucesso foi tão grande que em 2008 os Trovadores foram convidados para participar da Expo Zaragoza, na Espanha, também para promover a música popular brasileira, só que dessa vez representando a cidade de São Paulo.

Os trovadores e o seresteiro

O carioca Sílvio Caldas, nascido Sílvio Narciso de Figueiredo Caldas, está para a seresta como Pelé está para o futebol. Aos 6 anos já cantava nos saraus em casas de famílias vizinhas à sua no bairro de São Cristóvão, no Rio de Janeiro, além de correr atrás do bloco Família Ideal, que passava pela rua durante o carnaval.

Antes que a música o descobrisse, trabalhou como lavador de carros, aprendiz de mecânico, motorista de táxi e caminhão, estivador e garimpeiro.

Entre 1924 e 1927, trabalhou em uma oficina mecânica em São Paulo, mas quando voltou ao Rio, através da indicação do cantor de tangos Antônio Gomes, teve a chance de cantar na Rádio Nacional e não parou mais.

Interpretando "Faceira", de Ary Barroso, teve seu auge em uma apresentação na revista musical "Brasil do Amor" e teve de voltar oito vezes ao palco para atender o público. Ao longo da carreira colecionou apelidos, como Caboclinho Querido, Seresteiro, Poeta da Voz e A Voz Morena da Cidade.

Depois de 40 anos de sucesso, mudou-se em 1965 para a cidade paulista de Atibaia, e foi lá, em uma linda tarde de outono no mês de março, que recebeu uma serenata dos Trovadores Urbanos.

O "Caboclinho Querido" chorou muito ao ouvir seus antigos sucessos nas vozes dos jovens seresteiros, e a partir daí a parceria musical entre eles se estabeleceu em vários shows.

A história sobre o encontro entre o seresteiro e os trovadores, a emoção e as lembranças dos músicos foram traduzidas por Juca Novaes assim:

"Imagine você ser fã de rock e o convidarem para fazer parte da banda do Elvis Presley. Ou que você adora jazz e o convidam para tocar com o Charlie Parker. Pô, mas o Elvis morreu! E o Charlie Parker também! Pois é. Acontece que éramos fãs de música popular brasileira e tivemos a oportunidade de tocar com Sílvio Caldas, um dos mais importantes artistas da história da cultura popular brasileira. Na época, com 80 e poucos anos. Vivo, vivíssimo, e ainda cantando.

[Sessão didática: Sílvio Caldas, ao lado de Orlando Silva e Francisco Alves, representou a tríade de grandes cantores populares do Brasil, na primeira metade do século passado. Elegante, vaidoso, brilhante, foi contemporâneo da chamada era de ouro da música brasileira, a partir dos anos 30. Eternizou canções como 'Carinhoso', 'Chão de estrelas' (de sua autoria, em parceria com Orestes Barbosa), 'Da cor do pecado', 'Três lágrimas', 'Maria', 'No rancho fundo' e muitas outras. Com o advento da bossa nova, no final da década de 50, que tornou 'velhas' aquelas vozes possantes e cheias de vibrato de então, Sílvio entrou numa fase descendente. Ficaram célebres suas várias 'despedidas', que eram substituídas por voltas e novos discos e temporadas.]

Com muito orgulho, nós, os Trovadores Urbanos, entramos na vida de Sílvio Caldas. Começou quando o Sesc Pompeia promoveu o projeto 'Via Paulista' (criado por Eduardo Gudin e Costa Netto), que reunia a cada edição dois artistas diferentes do mesmo universo. Alguém se lembrou, então, naquele 1991, de reunir o velho seresteiro Sílvio Caldas com aqueles garotos (na época poderíamos ser considerados algo assim...) que tinham aparecido no Jô Soares, falando em serenatas e cantando músicas antigas. Nos convidaram e nós topamos correndo, por qualquer cachê que fosse. Convidaram o Sílvio, ele confirmou, depois desconfirmou, querendo mais dinheiro, e talvez duvidando da competência daquele novo grupo que dividiria o palco com ele.

Não nos demos por vencidos: fomos a Atibaia, onde morava, e, após marchas e contramarchas, o localizamos no barbeiro. Mal-humorado, não nos deu chance sequer de falarmos, já ralhando que não iria fazer show nenhum etc. e tal.

Foi então que, numa brecha da discussão, engatamos um 'Eu sonhei que tu estavas tão linda'. A arrogância e a inflexibilidade daquele velho artista foi perdendo força, e, quando vimos, ele estava aos prantos, nos abraçando, emocionado com aqueles 'jovens' (e éramos...) cantando aquelas músicas do seu tempo... Foi então que viramos parceiros. Minha irmã Maída virou sua empresária. E fizemos vários outros shows juntos, alguns memoráveis, como no 150 Night Club, do Maksoud Plaza. Obviamente, nós iríamos abrir a noite para ele, o grande artista, de volta ao palco. No dia da estreia, ele chegou ao nosso ensaio e comunicou: 'Vocês vão encerrar. Eu abro a noite'. E foi o que ocorreu, durante toda a temporada: o grande Sílvio Caldas abria a noite. Os Trovadores Urbanos encerravam.

E o show mais memorável foi no Mistura Fina, na Lagoa, no Rio de Janeiro, em junho de 1996. Era a volta do 'Caboclinho Querido' à sua cidade natal, onde, durante o período em que o Rio foi a capital da República, viveu seus anos de ouro.

Casa abarrotada de gente. Quando subimos ao palco, divisei na plateia, entre outros, Mário Lago, Braguinha, João Nogueira, Beth Carvalho. Brinco até hoje que quase saímos do palco para pedir autógrafos nas mesas...

A última gravação da voz do velho seresteiro em disco, para nossa honra, foi em nosso disco *Serenata*, de 1995. A música, 'Beco sem saída', uma das suas últimas composições, quase o seu canto do cisne. Belíssima, por sinal: 'Agora sem você o que é que eu faço / onde eu jogo o meu cansaço quando eu quero descansar / o que é que eu vou fazer da minha vida / neste beco sem saída que você quer me deixar / já fiz meu travesseiro no seu braço / e agora o que é que eu faço / pra me desacostumar / você não vai ficar fazendo graça / a uva também vira passa / você vai se machucar'.

No dia da gravação, ele estava com um sério problema familiar, e, muito emocionado, chorou ao cantar a música. Aliás, sempre que ouço essa gravação, me arrepio até a medula

[no link http://trovadores.uol.com.br/cds/serenata é possível ouvir a música, escolhendo a faixa 'Beco sem saída'].

Em 1994, eu o levei como patrono da Fampop*, em Avaré. Recebeu uma homenagem das mãos de Zuza Homem de Mello, e, no meio daquele alarido em um ginásio de esportes lotado de jovens, pegou o microfone e, *a cappella*, mandou um 'Carinhoso' de fio a pavio, com seu vozeirão ainda respeitável. Silêncio absoluto. Poucas horas antes, o cantor Tim Maia tinha dado um histórico vexame no palco, não conseguindo terminar o show de abertura do festival. A imagem que ficou foi do exemplo daquele velho senhor, cuja carreira de cantor tivera início no final dos anos 20, e que ali estava, do alto dos seus 80 e poucos anos, ensinando aos mais jovens lições sobre a fragilidade da vida, sobre a onipotência do show business, sobre humildade, sobre música...

---

*N. do E. - Fampop: Feira Avareense de Música Popular idealizada por Juca Novaes.

Estávamos ao seu lado no palco de seu último show, no Sesc Pompeia, no início de 1998. Era uma apresentação que contava também com a participação de Noite Ilustrada, Dóris Monteiro e Miltinho. Sílvio se sentiu mal, saiu do palco e nunca mais voltou. Foi pro andar de cima poucos dias depois, após nos dar grandes lições de vida. E de música popular brasileira."

As memórias de cada um

Enquanto Maída seguiu fazendo das serenatas uma empresa de prestação de serviços de homenagens, atrações para eventos e celebrações, a MMP Produções e Eventos, Juca Novaes seguiu na bem-sucedida carreira de advogado e procurador da prefeitura de São Paulo. Valéria Caram há 28 anos é professora de música e flauta no colégio Pueri Domus, e Eduardo Santhana continuou somente na música, compondo, gravando e cantando em carreira solo.

À medida que o trabalho de serenatas foi crescendo e ficando incompatível com a carreira que cada um escolhera paralelamente seguir, Maída Novaes precisou montar uma nova estrutura de músicos que pudesse dar conta das mais de cem serenatas mensais que os Trovadores Urbanos vinham realizando. Dessa forma, o grupo original, formado pelos quatro amigos, os verdadeiros cavaleiros andantes de Dom Quixote, se dedica hoje apenas a shows especiais e gravação de discos, além de investir em turnês internacionais. Assim, os Trovadores seguem mantendo a aura de cantadores e guardiões da boa música popular brasileira.

VALÉRIA CARAM – PIANISTA, CANTORA E PROFESSORA

A divertida Valéria Caram conta que nunca imaginou que a brincadeira de cantar pelas ruas de Avaré fosse virar um negócio, muito menos uma carreira de cantora.

Foi somente no primeiro show, cantando ao lado do imortal Sílvio Caldas, que ela teve noção do que estava acontecendo e da responsabilidade que estava se impondo ao grupo de amigos.

Para dar conta de sua vida dupla de professora e cantora, ela se beneficiou nesses anos todos com a parceria dos colegas docentes e dos alunos. Eles a incentivavam a continuar com as viagens internacionais e também com a temporada de shows por ocasião do lançamento dos sete CDs.

Hoje, a própria escola tem orgulho de apresentar aos pais de novos alunos e famílias que procuram a instituição "a cantora Valéria Caram, que é uma das trovadoras urbanas".

É difícil para Valéria passar despercebida nos lugares que frequenta, pois sempre aparece alguém que a reconhece ou que, ao saber que ela é do grupo de sereteiros, tem sempre uma palavra de admiração e uma história para contar sobre uma homenagem a que assistiu ou que já contratou.

"Morro de orgulho de ser trovadora, creio que os Trovadores Urbanos promovem um legado para a cidade de resgate da boa música, do carinho entre as pessoas, da celebração e do afeto. E isso é um patrimônio inigualável", diz ela.

Ao longo de 25 anos, foram tantas as situações inusitadas que muitas já perderam as cores, entretanto, além da experiência, fazer serenatas é um imenso aprendizado. Seu desconforto em velórios e enterros, por exemplo, foi amenizado pelas muitas vezes em que os Trovadores foram chamados para cantar no último adeus a pessoas queridas.

A delicadeza do repertório, a sobriedade dos trajes de época, as melodias quase sussurradas, como uma brisa no ouvido dos presentes a essas cerimônias, contribuem para amenizar a tristeza de quem se despede de seus entes queridos.

EDUARDO SANTHANA – CANTOR E COMPOSITOR

O cantor, pianista, violonista e compositor Eduardo Santhana, um dos quatro Trovadores Urbanos originais, é o único do grupo a fazer da música seu ofício principal. Em mais de vinte anos de carreira como cantor e compositor, Santhana viu nos Trovadores uma forma de manter seu trabalho autoral enquanto disseminava o repertório de muitos compositores que influenciaram suas composições.

A história de Eduardo Santhana com os Trovadores começou em 1983, quando esteve em Avaré para participar da Fampop.

A amizade entre os rapazes foi quase imediata, e em todos esses anos Juca foi o parceiro mais atuante de Santhana, tendo juntos mais de uma centena de composições.

Em 1990, tão logo o grupo é formado para dar início às serenatas pelas ruas da cidade de São Paulo, Edu foi convidado a participar do grupo de seresteiros, e desde então não parou mais. Ao longo dos 25 anos trafegou entre o pop, a MPB e as serestas.

Talvez essa intimidade com autores brasileiros e com o afeto das românticas serenatas tenha influenciado seu repertório de canções autorais, basicamente voltadas para o romantismo, colocando o amor como sentimento pleno.

Eduardo acredita também que o sucesso do quarteto vocal está nesse romantismo que consegue transmitir por meio da música, sem parecer piegas.

"A emoção que a serenata provoca nas pessoas é um sentimento tão nobre que revitaliza a pessoa homenageada e também quem participa da celebração.

Nós já entramos em tantos lares, já fizemos parte de tantas famílias e grupos de amigos que essas emoções vão nos alimentando ao longo do tempo e nos sentimos parte de todas essas pessoas que foram homenageadas nesses 25 anos."

E nessa hora não importa se já cantaram "Carinhoso" mais de 100 mil vezes, pois a cada vez a emoção de quem escuta é renovada. É essa transformação da emoção em energia que mantém o grupo unido, apesar de ser composto por quatro personalidades tão diferentes e interesses tão múltiplos.

A resposta de Eduardo Santhana para a parceria musical é justamente a amizade. Esse sentimento que valoriza o que une em detrimento das incompatibilidades. A força que atrai em vez de repelir, o afeto e o respeito mútuo que só aumentam com o tempo quando a amizade é verdadeira e engrandece quem a compartilha.

Perguntado sobre qual sua lembrança mais marcante nessa trajetória, Edu não pestaneja: foi o show com Sílvio Caldas no Mistura Fina, no Rio de Janeiro. No palco, naquele momento em que os seresteiros se apresentam com o mestre, a história entre o passado e o futuro se dilui no presente e perdura em forma de memória afetiva a cada lembrança sobre aquele evento.

MAÍDA – JORNALISTA E ARTISTA

A jornalista que virou empresária sem nunca deixar de ser cantora percebeu que precisava entender as mudanças que seu cliente vinha passando, para continuar trabalhando com a emoção sem ficar parada no tempo.

Como as serenatas, em seu formato, já mantêm uma tradição que está longe do dia a dia dos cidadãos, considerando o figurino de época e a trilha sonora romântica e saudosista, seria muito fácil que os Trovadores envelhecessem como produto diante da aceleração do tempo e dos impactos da tecnologia.

Foi em virtude dessa reflexão que a empresa buscou o trabalho de uma consultoria para avaliar o presente e projetar o futuro.

O trabalho dos consultores foi muito importante para a perenidade do negócio das serenatas. Foi através do olhar de quem vem de fora que Maída Novaes conseguiu diversificar a formação dos grupos de seresteiros, até então sempre compostos por quatro músicos.

Ao criar a possibilidade de uma serenata com apenas um violão e uma cantora, foi possível estabelecer uma variação de preços e atingir outros tipos de público, até mesmo variar os ambientes em que poderiam ser feitas as homenagens.

Ainda que um consultor faça da generalidade a sua fortaleza como prestador de serviços, é interessante notar que ele consegue ver as mesmas coisas com um olhar diferente.

Vencer o orgulho e aceitar que podem ser feitas melhorias em um produto que consideramos ideal não é tarefa fácil. Contudo, se os Trovadores Urbanos chegaram aos 25, é porque não deixaram de se reinventar, sem perder sua essência.

O treinamento de suas atendentes foi uma das primeiras providências para melhorar a percepção que o cliente teria ao ligar para a empresa.

Se a experiência da serenata é doce, delicada e inesquecível, o método de contratação, a escolha do produto adequado para a comemoração e o repertório também devem surpreender.

O processo de treinamento das vendedoras passou por gravações das atendentes falando com os clientes para que depois ouvissem e analisassem o tipo de valor que estavam dando para aquele produto.

Nessa época, Maída quase perdeu os cabelos de tanto nervoso ao tentar mostrar às meninas que elas não estavam vendendo apenas uma serenata com dez músicas. Elas estavam vendendo uma emoção inesquecível, um resgate da alegria e do romantismo. Maída costumava dizer às funcionárias que elas vendem um coração acelerado e um olhar brilhante.

Quando completaram duas décadas de atividades, os Trovadores também se reinventaram. Fizeram um novo site, trocaram o figurino, mudaram o repertório das serenatas e do show do grupo vocal e investiram nos trovadores do futuro. O grupo Trovadores Mirins nasceu com o objetivo de estimular as novas gerações e cultivar em crianças e jovens entre 5 e 14 anos o amor e o respeito pela boa música popular brasileira.

A repaginação visando aumentar a longevidade da empresa também expandiu a presença do grupo nas mídias sociais, tudo acompanhado de perto por Maída, que segue à risca o conselho do pai: "Se você não olhar o porco, a porcada não engorda". Quando se sente muito empresarial e menos cantora, a idealizadora dos Trovadores costuma sair para fazer serenatas. É nesse momento que se reabastece do amor e do afeto que as pessoas têm em família e junto aos amigos e que transferem para o grupo de seresteiros.

Certa vez, quando estava tristonha por conta de problemas administrativos, Maída avisou a produção da empresa que faria a próxima serenata que vendessem. Dito e feito, no dia seguinte lá estava ela cantando para uma moça que ofereceu a serenata ao pai, que tinha sido diagnosticado com câncer naquela semana.

Ao entrar na casa onde tinha sido marcada a cantoria, Maída se emocionou ao ver pai e filha abraçadinhos cantando todas as músicas, como se quisessem eternizar aquele momento.

Em outra situação parecida, a família solicitou uma serenata para ser feita num barco, em alto-mar. Lá foram Maída e um violonista para Santos. Só quando chegou lá Maída ficou sabendo que iria cantar no momento em que o homem jogasse as cinzas da esposa ao mar.

Situações mais brandas também acontecem, como a filha que contrata uma serenata para o pai que está completando 60 anos. Anos depois, liga novamente e avisa: "Olha, vocês cantaram no aniversário de 60 anos do meu pai e gostaria que agora viessem na festa de 80". Tudo certo, lá vão os seresteiros. Depois da homenagem, o pai, todo vigoroso e lúcido, levanta para conversar com a cantora e avisa: "Não vou conseguir esperar mais vinte anos para ouvir vocês cantarem, então anote aí na agenda que agora vamos nos ver com mais frequência. Já estão contratados para virem aqui no mês que vem".

JUCA NOVAES – A PALAVRA COMO OFÍCIO

As lembranças do advogado e especialista em direito autoral Juca Novaes sobre os 25 anos dos Trovadores Urbanos estão recheadas de sensações, emoções e cores de cada serenata no início da travessia. Recheadas de momentos especiais ao cantar com velhos ídolos, da certeza de que apesar de uma fórmula repetitiva, a de cantar sucessos que transcendem as décadas, as serenatas e os Trovadores terão vida longa, pois falam de amor.

De quando atendeu o telefonema de sua irmã Maída, ligando da Bahia para contar que queria montar um grupo de serenatas até as mais recentes experiências dos Trovadores, a memória de Juca Novaes é rica em detalhes, que demonstram seu total envolvimento com o trabalho e com a disposição de afagar o público com boa música.

Vem dos seus tempos de garoto em Avaré a facilidade para compor sobre o amor e a vida, sobre os amigos e o cotidiano, incentivando os irmãos a adentrarem o mundo artístico através dos saraus e dos festivais de música, onde se descobriu produzindo música e compondo.

Foi premiado no Festival da cidade de Lins nos anos 70, e quando veio para São Paulo cursar Direito venceu o Festival da PUC – Pontifícia Universidade Católica, que abriu as portas para a gravação do programa FM Inéditos da rádio Eldorado.

Seresteiros do Rio São Francisco

Quando a educadora Patricia Pacini comentou com a trovadora Maída Novaes sobre seu sonho de realizar um trabalho cultural envolvendo um rio, o que era uma conversa entre amigas resultou em mais uma das coincidências que geram frutos para toda a sociedade.

Nascia então o projeto Seresteiros do Rio São Francisco, visando o resgate e a identificação dos seresteiros das cidades ribeirinhas, eternizando as histórias de amor de seus habitantes e dando vida a um documentário e um livro.

Para Maída Novaes, idealizadora do projeto e produtora executiva da expedição, o Rio São Francisco por si só já é uma atração na região, contudo, é na história de amor, nos causos de seus moradores com as águas do rio, que reside a verdadeira riqueza cultural. "Os Trovadores Urbanos se misturaram aos seresteiros locais e fizeram um grande intercâmbio de afeto que pode ser compartilhado por todos que assistirem ao documentário e lerem o livro resultante dessa aventura", diz Maída.

Na época da expedição, a educadora e investidora Patricia Pacini acreditava que a iniciativa era uma missão de vida: "Reunimos uma equipe cheia de sonhos para percorrer algumas cidades ribeirinhas do Rio São Francisco, promovendo um encontro maravilhoso entre os seresteiros locais, suas histórias, seus amores, suas cantigas, seus causos". E acrescentou: "Trata-se

de um trabalho de alma, de uma rica troca de culturas, de uma imensa oportunidade de conhecermos nosso país e sua mais genuína criação artística, pois a seresta foi criada para comunicar o amor, então nada pode haver de mais genuíno".

O trabalho, resultado da expedição realizada pela equipe de cinegrafistas e seresteiros e liderada pela historiadora Patricia Pacini e por Maída Novaes, expõe em 25 imagens captadas ao longo da viagem a poesia dos lugares visitados, a beleza do nascer e do pôr do sol nas cidades ribeirinhas, a lida diária, as fisionomias marcadas pela alegria de quem viu o caudaloso rio e hoje enfrenta a seca em muitas regiões.

Como tudo que os Trovadores Urbanos fazem sempre termina em uma grande celebração, a exposição não foi só uma exposição estática, num lugar fechado.

Uma procissão musical percorrendo as ruas estreitas de Paraty convidou os turistas e passantes a acompanhar a trupe até a Bodega do Poeta, local da mostra fotográfica. Lá, além de uma conversa com Maída Novaes e Patricia Pacini, os convidados puderam apreciar uma verdadeira seresta.

Mais do que mostrar a situação do rio, que em muitas localidades perdeu sua imponência caudalosa e hoje padece de uma secura que dói no coração, o documentário produzido é um retrato histórico da seresta e de seus seresteiros.

A cidade de São Romão, por exemplo, com 10 mil habitantes, data de 1686, quando nem Ouro Preto nem Mariana tinham surgido no mapa das Gerais. Para chegar ao local é preciso atravessar o rio de balsa. Lá, a conversa foi com dona Maria da Conceição Moura, que aos 81 anos ainda é conhecida como Dona Maria do Batuque, guardiã das tradições folclóricas da cidade.

Conversas com dona Lió e dona Tuzinha, com 98 anos, completam a riqueza histórica da cidade.

Um dos momentos marcantes dessa viagem foi a emoção vivida pela trovadora Maída Novaes quando entrou cantando na casa de dona Natália. Ocorreu a seguinte situação: "Na cidade de São Francisco eu saí fazendo serenatas em várias janelas e em determinado momento adentrei uma casa cantando 'Lua, manda aquela estrela'. Minha surpresa foi a dona Natália, de 88 anos, responder à minha canção, citando os versos seguintes, dizendo 'quero matar meus desejos' e indo até o final da música.

Quando terminamos de cantar, ela me pegou pela mão e foi dizendo 'vamos falar com Maria'. Chegando ao outro quarto, parando na frente de uma imensa imagem de Nossa Senhora, dona Natália prosseguiu: 'Maria, obrigada por trazer esta moça pra cantar pra mim. Obrigada, Maria, proteja esta moça e este rapaz [o violeiro que estava comigo] e abençoe esta voz'.

Juntos, meio paralisados pela emoção daquele momento, juntamos as mãos e rezamos com a senhora uma ave-maria".

O documentário sobre os seresteiros do Rio São Francisco conta histórias do grupo seresteiro de João Naves, Karromba e da família Felix, além de dona Maria do Batuque, de São Romão e de dona Maura e do grupo de trovadores de Januária.

O vapor Benjamim Guimarães, única embarcação movida a lenha do mundo, ainda em funcionamento na cidade turística de Pirapora, foi cenário da apresentação dos Trovadores Urbanos durante a expedição pelo médio São Francisco.

Moradores e visitantes, visivelmente emocionados, lotaram o cais, que foi cuidadosamente decorado para abrigar o lançamento da Temporada Sinfônica do Velho Chico. A série de apresentações da Orquestra Sinfônica Jovem de Pirapora, sob a regência do maestro Alex Domingos, contou, especialmente na edição de 2014, com a participação do quarteto vocal paulista.

Projetos sociais – a música que alimenta a alma

Sob o guarda-chuva do Instituto Trovadores, diversos projetos sociais vêm sendo implementados e desenvolvidos ao longo dos últimos 25 anos.

Sim, música salva. E é com essa crença que os músicos e cantores dos Trovadores Urbanos se aventuram em serenatas em hospitais, iniciativas filantrópicas e apresentações gratuitas por toda a cidade.

Os beneficiários dessas ações encontram-se em escolas de periferia, em abrigos de idosos, em atividades gratuitas na Casa dos Trovadores ou em projetos patrocinados por empresas cientes de sua responsabilidade social.

Como isso tudo começou é difícil dizer, contudo, apesar de terem acontecido em momentos diferentes da vida e da carreira do grupo, as iniciativas sociais tocaram não só os quatro trovadores iniciais como também outros músicos e cantores da empresa.

Assim, em 2005 começava o projeto social mais antigo dos Trovadores, a serenata na UTI pediátrica do Hospital do Câncer.

Todas as quartas-feiras os músicos cantam para as crianças da pediatria oncológica, relembrando clássicos infantis e fazendo paródia com o nome das crianças e os sonhos dos pequenos pacientes.

O Hospital do Câncer atende cerca de 500 novos casos por ano, com um índice de cura de 70%. A música é uma tentativa bem-sucedida de levar alegria às crianças e familiares durante o difícil tratamento de quimioterapia e radioterapia que os pequenos enfrentam durante vários anos.

Os Trovadores chegaram ao hospital atendendo a um pedido de dona Genoveva, braço direito da proprietária do hospital, dona Carmen Prudente, que montou uma escola infantil dentro do hospital A.C. Camargo.

Dona Carmen tinha sido homenageada pela família com uma serenata, e, quando viu e ouviu o grupo, ficou imaginando que o bálsamo da música poderia contribuir para amenizar a situação das crianças.

Dito e feito. Tão logo contou sua ideia para Maída Novaes, a trovadora aceitou fazer serenata no hospital uma vez por semana.

Inicialmente Maída foi sozinha, entrando nos quartos sem saber o que iria encontrar, mas acreditando que a música seria seu melhor presente e também seu escudo protetor.

Diante de uma realidade nada poética, vendo crianças sem membros, recém-operadas, crianças tristonhas e inofensivas, Maída reviu muito de sua postura diante da vida, e uma de suas primeiras providências foi parar de reclamar das coisas.

Semanalmente ela entrava no hospital para presentear as crianças e saía presenteada pelo carinho com que era recebida.

Ao fazer amizade com médicos, enfermeiras e outras voluntárias, a trovadora foi pensando que deveria criar outros projetos sociais envolvendo música.

No Hospital do Câncer Maída conheceu Miguel, um rapaz de 14 anos que há 12 lutava contra a doença. No início, como bom adolescente, ele ficou reticente e meio distante, mas a cada semana ia se soltando, cantando e interagindo mais com a serenata.

Ele se aproximou tanto que já contava para todo mundo que quando saísse do hospital seria um trovador. Acabou sendo entrevistado no programa de Serginho Groisman, na Globo, junto com a trovadora. Quinze dias depois de a matéria ir ao ar o jovem piorou muito e veio a falecer.

Nesse dia, ainda sem saber da fatalidade, Maída chegou para a costumeira serenata e, quando entrou no corredor da UTI, ao passar pela porta do quarto do rapaz, foi abordada imediatamente pela mãe dele, que alertou: "Minha filha, não olhe, esse é apenas um corpo. Não é mais o meu Miguel".

Ele tinha acabado de falecer e a trovadora e a mãe ficaram ali paradas um tempão velando o corpo.

A cena fortíssima não saía da cabeça da cantora. Maída ficou tão impressionada que durante dois meses não foi fazer serenata no hospital, deixando essa atividade para outras cantoras voluntárias.

Tempos depois, conversando sobre o ocorrido com sua mãe, dona Piedade, com a sabedoria materna ela falou: "Filha, você não acha que você foi um anjo que entrou na UTI na hora da morte do menino para ajudar a mãe dele naquele momento?".

A reflexão que esse questionamento provocou desencadeou não só um entendimento sobre o que tinha vivido, como também foi uma força para que Maída retomasse o trabalho no hospital e ainda empreendesse outros projetos de cunho social.

Nasceu então a Serenata na Sopa, que durante o inverno de 1993, 1994 e 1995 entregou sopa para moradores de rua embaixo do viaduto Pompeia, na zona oeste da cidade de São Paulo.

A distribuição parou depois que um bêbado quase esfaqueou Maída e outros trovadores.

Apesar de colher histórias lindas entre esses moradores de rua, ainda que muitos tivessem família, a iniciativa também fez a trovadora pensar que talvez fosse melhor canalizar energia para cuidar de crianças e possibilitar-lhes uma perspectiva de vida melhor, com mais afeto.

Então, com esse pensamento de ir em busca de crianças em situação de risco, Maída foi até o Conselho Tutelar e à subprefeitura de Cidade Ademar, periferia de São Paulo, conversar com representantes da entidade para saber que escola poderia abrigar um projeto social que incluísse música. A escola escolhida foi a Estadual Professora Joanna Abrahão, próximo à favela do Buraco do Sapo, considerada nos anos 90 a Colômbia brasileira e anos depois submetida ao processo de humanização.

Nesse lugar, semanalmente, Maída e sua irmã Lucila Novaes, maestrina, cantora e compositora que tem um bonito trabalho com músicas infantis, juntamente com a diretora de teatro Cris Ferri e Elza Valentim, assistente social, deram início à tarefa de levar afeto para as crianças.

O convívio semanal com essas crianças aproxima também a trovadora de algumas famílias, o que aumenta ainda mais a responsabilidade para com os jovens atendidos.

Uma das muitas situações delicadas que as irmãs Novaes tiveram de enfrentar durante as atividades na favela do Buraco do Sapo foi cuidar de uma criança que era filha de um famoso traficante.

Quando a criança tem algum problema de integração ou adaptação ao grupo, é comum que seja atendida em conversas personalizadas a fim de que se possa entender o motivo da dispersão ou da aversão à atividade.

Foi numa dessas conversas que Maída ficou sabendo que o pai do garoto tinha sido preso em casa, na frente do menino, e tudo foi transmitido pela televisão.

Apesar da situação de violência e do mau exemplo para o garoto, o pai era um herói para ele. A alternativa para se aproximar do garoto, então, foi assumir outro tipo de conduta. Maída foi contando sua história de trovadora a cada encontro e se aproximando mais do menino, que aos poucos foi se soltando e aproveitando a atividade musical junto com os outros meninos e meninas da escola.

A vida atribulada de filho de traficante contribuía para a solidão do menino, que entre as idas e vindas do pai da prisão acabava perdendo a referência paterna e ficando muito sozinho, enquanto a mãe saía para trabalhar e dar conta do sustento da família. Essa falta de atenção e carinho – comum a várias outras crianças do local – fez das tardes daquele projeto um oásis de afeto, e elas aguardavam os Trovadores como se aquele fosse o melhor dia da vida delas.

Infelizmente não deu tempo de a música salvar o garoto. Meses depois de iniciado o projeto na escola, ele foi expulso por ter levado uma faca para a classe e ameaçado atacar um coleguinha. Nessa situação, ele deixou de fazer parte da atividade e não havia nada que a trovadora pudesse fazer.

Contudo, se a história desse garoto é negativa, porque não houve tempo de ser resgatado pelo trabalho social realizado na escola, a história da pequena Jeniffer é um exemplo de que o talento existe em qualquer um e pode ser lapidado.

Em 2012, a produção do musical *O Rei Leão* solicitou ajuda à maestrina Lucila para encontrar crianças que pudessem participar da audição do musical e fazer parte do espetáculo.

Foram fazer diversos testes na escola com as crianças que participavam da atividade implementada pelos Trovadores. E a pequena Jennifer, de 9 anos, foi aprovada em todos. A partir daí ela passou a ter aulas específicas de expressão corporal, balé, e ainda ficou dois meses fazendo a "escolinha do Rei Leão", para se ambientar com a história e fazer um novo teste para atuar no musical.

Foi nesse momento que ela perdeu o papel para outra criança. Infelizmente, Jennifer não foi escolhida para atuar no musical, mas isso não abalou sua autoestima. Tudo que havia aprendido durante as aulas mais a atenção e a perseverança com que viveu toda a experiência fizeram da menina um exemplo de dedicação.

Sua relação de amor e respeito com os colegas e com a família ampliou sua visão de mundo e Jennifer seguiu sendo um padrão para outros grupos na favela e também no colégio, onde hoje é uma líder positiva e amorosa.

A menina também entrou para o grupo de Trovadores Mirins, formado pelos filhos dos seresteiros, e um dia estará fazendo serenatas pela cidade e, quem sabe, resgatando outras crianças em situação de fragilidade emocional e social.

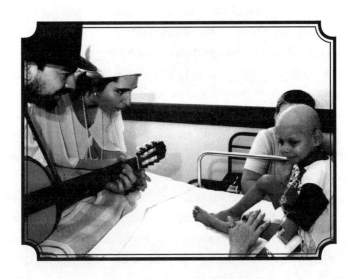

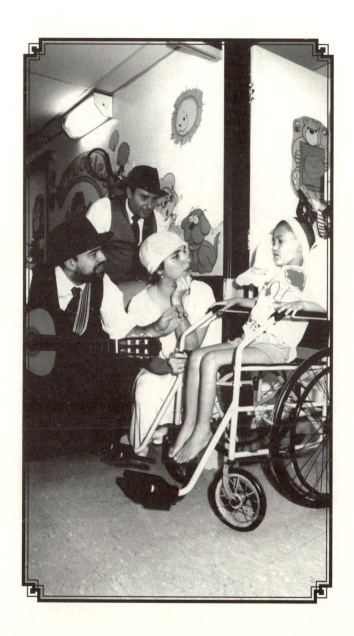

Trovadores Mirins

Uma das propostas do Instituto Trovadores é manter a serenata como instrumento de renovação e resgate do romantismo na cidade.

Pensando em envolver as novas gerações com a prática das serenatas, a empresa Trovadores Urbanos deu início, em 1995, ao grupo Trovadores Mirins, formado inicialmente por filhos dos músicos que já trabalhavam fazendo serestas, e posteriormente abriu-se para novos interessados.

O grupo hoje é formado por 30 crianças entre 7 e 14 anos que utilizam um figurino de época igual ao do grupo adulto de trovadores, com chapéus, luvas e vestidos compridos, e são acompanhadas de um violonista. A cantora Bruna Caram, por exemplo, foi uma trovadora mirim e depois fez parte do grupo de serenatas antes de assumir carreira solo defendendo a música popular brasileira com sua voz doce e carismática.

O grupo de crianças é regido desde o começo pela educadora Lucila Novaes e traz canções voltadas para o tema da sustentabilidade, conscientizando a plateia sobre a importância de cuidarmos do nosso planeta. O repertório tem músicas de autoria da própria regente e ainda muitas canções que falam de ecologia e conscientizam sobre temas como lixo, desmatamento, florestas, animais, pássaros, baleias, gases, Amazônia, Chico Mendes, liberdade, respeito e amor.

À medida que vão crescendo, as crianças têm a possibilidade de integrar o projeto de seresteiros, dando lugar a outras crianças, que hoje participam do coral. A atividade é desenvolvida com base no estudo do cancioneiro popular, marca registrada do grupo vocal Trovadores Urbanos. Trata-se de uma prática corporativa sustentável, que forma os cantores de amanhã com base sólida no conhecimento passado por quem é profissional da área.

Em dezembro de 2013 os Trovadores Mirins lançaram seu primeiro CD, batizado de *Paulistinhas*. Com arranjos de Pichu Borrelli e capa do cartunista Paulo Caruso, o CD tem 11 faixas, todas de compositores paulistas. Entre os trovadores mirins está Matheus Braga. Ele interpretou o pequeno Simba no musical O *Rei Leão* e já atuou também nas peças *Miss Saigon, Evita, O rei e eu* e *Um violinista no telhado*.

Além dessas atividades sociais, e aproveitando que têm uma sede própria com espaço para diversas iniciativas, os Trovadores vêm desenvolvendo uma série de oficinas lúdicas e terapêuticas para reunir mulheres, jovens, crianças, vizinhos e interessados em fazer novos amigos e ouvir boa música.

Durante todo o ano de 2012, por exemplo, os seresteiros organizaram lindos saraus para tricoteiras e aprendizes. Oferecendo novelos de lã e agulhas de tricô para quem não tivesse e acolhendo tricoteiras com suas agulhas de estimação, eram promovidos encontros semanais para fazer colchas para moradores de rua.

O resultado da primeira oficina foi a confecção de 50 colchas, que foram entregues em albergues da prefeitura de São Paulo.

Os encontros das tricoteiras acontecem nos meses que precedem o inverno e em todos os anos é possível contribuir com a atividade enviando quadradinhos de lã de 15 x 15 centímetros que são reunidos em mantas.

Outra atividade desenvolvida regularmente e que agrada jovens e adultos é a Fuxicomchico, uma tarde de costura na sede dos Trovadores, em Perdizes, onde enquanto fazem fuxicos – aquelas circunferências que podem ser usadas em decoração, artesanato, apliques em roupas e outras inovações – as artesãs cantam e ouvem músicas de Chicos famosos da música popular brasileira: Chico Alves, Chico César, Chico Science, Chiquinha Gonzaga, Chico Buarque de Hollanda, entre outros.

As meninas também têm atividades especiais. É o caso da oficina de roupas de bonecas idealizada pelos Trovadores para promover a integração de mães e filhas em uma atividade lúdica e diferenciada. A atividade gratuita ensina as meninas grandes e pequenas a desenhar, cortar e costurar roupinhas de bonecas.

Causos

Conversar com os músicos que fazem parte da empresa Trovadores Urbanos é mergulhar em fantasias, romances, tragédias, momentos de grande alegria e imensa descontração. A equipe, que hoje conta com mais de 50 profissionais que circulam diariamente pela cidade cantando em diferentes lugares, espaços e residências, tem sempre um causo interessante para compartilhar.

Também, pudera, cerca de 400 serenatas por mês, mais de 5 mil por ano, num total de 100 mil nessas duas décadas e meia de carreira, é um repertório para contador de história nenhum botar defeito.

Motel, táxi, garagem, embaixo de viaduto, cemitério, salão de cabeleireiro, massagista, hotel, trem, delegacia, casas de repouso e também cemitério já foram cenário para as cantorias. Os músicos já perambularam também por supermercados, bares, açougues, portarias de prédio, praias, porões, igrejas e hospitais.

Nessa peregrinação, os bairros da cidade de São Paulo mais visitados pelos trovadores foram: Morumbi, Alto de Pinheiros, Higienópolis, Jardim Anália Franco, Alphaville, Jardins, Vila Mariana, Perdizes e Vila Madalena.

As serenatas para cães, o sapato esquecido e a trovadora que atacou a mesa de brigadeiros da festa são algumas das histórias hilárias, incríveis, emocionantes é muito especiais desses 25 anos de canções.

Compartilhar esses momentos é construir também uma ligação de afeto entre todos os seresteiros e os homenageados, tecendo uma rede de carinho mútuo, de memórias que, com certeza, vão passar de pai para filho.

A FREIRINHA

Uma jovem freira decidiu aproveitar a delicadeza do figurino recatado e virginal da década de 20 que os Trovadores Urbanos utilizam e fazer uma homenagem à madre superiora de um famoso e tradicional colégio de São Paulo.

Ciente do repertório tranquilo de grandes clássicos da música popular brasileira, a freirinha solicitou que uma música especial fosse usada como declaração de carinho para a madre, em seu nome.

Aproveitando que muitas outras freiras conheciam a preferência musical da madre, apaixonada por Roberto Carlos, decidiram pedir a música "Evidências".

A moça que atendeu a freira achou estranho, em um primeiro momento, mas como o pedido havia sido enviado por escrito, com o nome da música, resolveu não contestar.

Assim, naquela manhã bucólica dentro do colégio, em meio a várias freiras e muitos outros convidados, os Trovadores adentram o recinto cantando "Evidências".

Para quem não se lembra bem da letra de José Augusto e Paulo Sérgio Valle, imortalizada na voz de Chitãozinho e Xororó, a música fala assim:

Quando eu digo que deixei de te amar
É porque eu te amo
Quando eu digo que não quero mais você
É porque eu te quero
Eu tenho medo de te dar meu coração
E confessar que eu estou em tuas mãos
Mas não posso imaginar
O que vai ser de mim
Se eu te perder um dia
Eu me afasto e me defendo de você
Mas depois me entrego
Faço tipo, falo coisas que eu não sou
Mas depois eu nego
Mas a verdade
É que eu sou louco por você
E tenho medo de pensar em te perder
Eu preciso aceitar que não dá mais
Pra separar as nossas vidas

Mas o que chamou mesmo a atenção e deixou todo mundo certo de que uma grande confusão tinha acontecido foi o refrão:

E nessa loucura de dizer que não te quero
Vou negando as aparências
Disfarçando as evidências
Mas pra que viver fingindo
Se eu não posso enganar meu coração?
Eu sei que te amo!
Chega de mentiras
De negar o meu desejo
Eu te quero mais que tudo

Eu preciso do seu beijo
Eu entrego a minha vida
Pra você fazer o que quiser de mim
Só quero ouvir você dizer que sim!
Diz que é verdade, que tem saudade
Que ainda você pensa muito em mim
Diz que é verdade, que tem saudade
Que ainda você vai viver pra mim

No final da serenata, percebendo a confusão que a freirinha tinha provocado, os Trovadores foram até a madre superiora e disseram que haviam se enganado com a canção da homenagem.

Ouvindo isso, a freira, que já estava mais vermelha que um pimentão, exclamou em alto e bom som: "Deus existe".

TROVADORES NOÉIS

A prefeitura de uma cidadezinha à beira da rodovia Marechal Rondon contratou os Trovadores Urbanos para cantar no aniversário da cidade, coincidentemente perto dos festejos de Natal, em dezembro.

Lá chegam os quatro cantores e se refugiam no camarim, esperando o horário do show. Já quase na hora de entrar em cena, aparece o secretário de Cultura da cidade para cumprimentar o grupo. Conversa vai, conversa vem, sorrisos e tudo, até a hora em que o homem pergunta: "Vocês não vão colocar as fantasias? Cadê a barba e os sacos de presente?".

O coordenador da prefeitura, responsável pela contratação do show, tinha feito a maior confusão. Em vez dos noéis, contratara o quarteto vocal.

Àquela hora não havia o que fazer; o quarteto vocal entrou e cantou para a pequena multidão, mas na hora de ir embora teve dificuldade para receber o cachê, pois o secretário afirmava que tinha contratado Papai Noel e não os cantores.

GOGÓ DE OURO

Em uma época de grande movimento de serenatas, com várias dezenas de músicos pela cidade cantando em diferentes locais, aconteceu de uma cantora faltar a um compromisso e só avisar bem em cima da hora.

Maída, muito criativamente, aproveitou o *know-how* de sua mãe, que já tinha sido cantora de rádio, e não teve dúvida em sugerir que ela fosse fazer a tal serenata.

Com um vozeirão potente, dona Piedade quase quebra os vidros do lugar ao cantar "Linda flor", grande sucesso de Dalva de Oliveira.

Apesar do susto ao sentirem as vidraças e os cristais vibrando, os convidados adoraram a apresentação e ficaram lisonjeados em conhecer a matriarca dos Trovadores Urbanos.

CANTANDO PRA PRESIDENTE

Em uma daquelas noites terríveis em São Paulo, depois de uma tempestade que provoca o caos no trânsito e acaba com a paciência de qualquer mortal, os Trovadores foram chamados para fazer uma homenagem à presidente Dilma Rousseff.

A oferenda musical era do presidente de uma emissora de televisão e o evento seria em sua própria casa. Chegando com três horas de atraso, passando já da meia-noite, a trovadora adentrou a casa gaguejando e cumprimentando a todos com um sonoro "boa tarde".

Tão logo começou a cantar "Caminhando e cantando e seguindo a canção", música de Geraldo Vandré, o nervosismo passou e a serenata encantou a presidente, que saiu de seu lugar no sofá para dar um apertado abraço nos músicos.

CADÊ A VAN?

Secretário de Cultura de uma cidade próxima a São Paulo liga para Maída contratando um show. Tudo combinado, na data acertada os músicos ficam à espera da van que a cidade combinou de mandar para buscar o grupo.

Lá pelas tantas estaciona à porta da Casa dos Trovadores uma perua escolar, daquelas bem antiguinhas, sem cinto de segurança, meio caindo aos pedaços.

Na hora Maída liga para o secretário dizendo que seria complicado andar naquele automóvel, que a segurança ficaria comprometida, que os músicos iriam chegar meio amassados depois de uma viagem tão desconfortável. Mas a autoridade informa que o motorista da van havia tido um imprevisto e que só na volta do show é que estaria disponível uma van novinha para trazê-los para São Paulo.

Depois do show, a mesma perua escolar esperava os cantadores e o secretário e seus assessores tinham dado no pé, sumido do pedaço. Sem alternativa, resta aos músicos e cantores pegar a peruazinha para voltar pra casa.

Como se não bastasse o mico, no meio da Dutra, quase batendo meia-noite, estoura um pneu da perua – toca todo mundo descer para esperar um guincho, já que não havia estepe no carro.

Enquanto estão lá naquela escuridão, os sereesteiros começam a ouvir uma movimentação, música, a chegada de vários carros, e então o grupo decide ir até o local para saber o que estava acontecendo. Pelo menos seria mais movimentado do que ficar à beira da estrada sozinhos.

Qual não é a surpresa quando o grupo chega mais perto e descobre que o lugar é um prostíbulo e naquela hora havia movimentação porque estava começando o show das meninas!

HORA IMPRÓPRIA

A mulher liga para os Trovadores, conta sua linda história de amor e contrata um Coração Apaixonado para oferecer ao marido em seu primeiro ano juntos.

Assim que adentrou o apartamento para fazer a serenata, a trovadora Valéria, vestida de coração, encontrou uma esposa cabisbaixa e um marido trancado no quarto gritando que era para o "coração" ir embora, que ele não queria saber de nada, que aquele não era um bom momento, que ele não queria ver ninguém.

Valéria não sabia se parava de cantar, se pegava o cheque que a esposa inconformada já preenchia ou se ia embora sem olhar para trás.

Em outra situação, também nos primórdios do grupo, quando eram apenas os quatro trovadores que faziam todas as serenatas e telegramas animados, Valéria foi novamente de Coração Apaixonado fazer uma homenagem.

Todo saltitante, o Coração aparece na frente do homenageado dizendo que havia pulado do peito de quem oferecia a serenata para falar do imenso amor que sentia pela pessoa. Num movimento nada delicado, Valéria acaba esbarrando em um vaso chinês, que se espatifa no chão.

Naquele momento a emoção da música abafou o ocorrido, mas no dia seguinte veio a reclamação e o pedido de ressarcimento do prejuízo, pois o vaso tinha imenso valor arqueológico.

ESPÍRITO HOMENAGEADO

Cliente liga e solicita uma homenagem para o Cláudio, passa o endereço, confirma o horário e diz que estará lá para receber os Trovadores.

No horário marcado, os cantores chegam e são recebidos na porta do Centro Espírita. Entram cantando e, quando param na frente do rapaz indicado para receber a serenata, vão logo dizendo: "Oi, Cláudio, viemos cantar pra você!".

Rapidamente o contratante explica: "Este não é o Cláudio, o Cláudio está nele!".

A MARVADA PINGA

O cliente combinou de encontrar o grupo de trovadores num determinado ponto da rodovia Raposo Tavares, que liga São Paulo ao Paraná, porque o local da serenata era de difícil acesso e os músicos corriam o risco de se perder.

No horário combinado, chegaram e encontraram o contratante completamente bêbado. Ao longo do percurso, os Trovadores foram seguindo o carro em zigue-zague pela estrada, até que o cliente parou para pegar um amigo numa floricultura e dali seguiu novamente até o local onde uma moça receberia a serenata.

Tudo isso durou bem mais de uma hora, e, quando conseguiram chegar, a mulher fez um escândalo, dizendo que não queria serenata alguma, que não queria flores e que era para o bêbado ir embora.

O pior foi que, no estado em que estava e desiludido com a situação, o contratante também não quis pagar os seresteiros.

LÉ COM CRÉ

Uma moça que trabalhava como atendente na Casa dos Trovadores não tinha nenhum conhecimento sobre músicas e compositores, e, mesmo depois de todo o treinamento sobre como atender o cliente e vender serenatas, ela continuava cometendo gafes hilárias.

O mais engraçado é que ela falava com tanta naturalidade que muita gente nem percebia o erro. Entre as pérolas está o fato de chamar a cantora Paula Fernandes de "Paula Fernanda" e Adoniran Barbosa de "Adorimam"!

A moça também gostava de sugerir aos clientes que incluíssem no repertório a canção "Onça", da cantora Maysa, no lugar do grande sucesso "Ouça".

ESPERANDO O ÔNIBUS

Começo da Avenida Paulista, próximo à Estação Paraíso do Metrô. Os Trovadores sobem no ônibus lotado para oferecer uma serenata e fazer um pedido de namoro em nome de um tímido rapaz que entraria no coletivo no ponto final da tal avenida. Os seresteiros cantam, cantam, é aquela comoção geral dos passageiros, do cobrador e do motorista, um verdadeiro sarau na avenida mais conhecida da cidade.

Esperando no ponto do Conjunto Nacional, do lado oposto da avenida, estava o contratante, o rapaz que resolvera inovar no pedido de namoro.

Só que a moça não aceitou o pedido. Foi a maior decepção quando os Trovadores desceram do ônibus e tiveram de falar para o rapaz que o coração da moça não amoleceu com a cantoria.

O CÉU É O LIMITE

A clientela da empresa Trovadores é fiel e foi a partir dela que muitos produtos de homenagens e atrações para eventos e ocasiões especiais nasceram.

Além disso, é na confiança que está um dos maiores patrimônios dos seresteiros. Foi o caso, por exemplo, de um milionário que buscava na criatividade de Maída Novaes novas formas para impressionar as mulheres.

Para conquistar novas namoradas, cada dia com mais originalidade, o rapaz mandava serenatas e presentes de todos os tamanhos e formatos, cores e texturas para chamar atenção, contando com o bom gosto e a originalidade de Maída.

Depois de mais de uma dezena de ideias implementadas e namoradas conquistadas, o acervo de surpresas estava quase esgotado, até que Maída teve a ideia de mandar uma porta para a mais recente conquista do milionário.

A trovadora comprou uma porta novinha em uma casa de material de construção, pintou-a de azul, desenhou algumas nuvens e foi fazer a entrega. No cartão estava escrito: "Amor, com você eu vou pro céu".

O excêntrico milionário nunca sabia qual seria o presente enviado, mas do jeito que depositava confiança e o dinheiro referente aos serviços, ele nunca se decepcionou.

SEM CHULÉ

Muitas vezes tendo de enfrentar engarrafamentos e um calor imenso na cidade, a turma deixa para terminar de se arrumar tão logo chegue próximo ao local da serenata. Numa das vezes em que os músicos saíram para fazer uma serenata no Guarujá, no litoral de São Paulo, aconteceu de esquecerem um dos apetrechos do figurino.

O garboso rapaz estava de terno, mas esqueceu os sapatos. A saída foi ficar posicionado atrás do sofá da casa, de forma que ninguém visse o chinelo de dedo. No meio da cantoria, o dono da festa vem "puxar" os cantores mais para o meio da sala para que ficassem perto dos convidados. Claro que nosso violonista se manteve como um dois de paus no mesmo lugar, mas as cantoras não puderam deixar de circular, cantando por todo o ambiente.

Até hoje eles não lembram como conseguiram sair de lá sem que o cliente notasse o chinelo. Mas a situação é inesquecível.

Aconteceu outro caso de trovador esquecer o sapato, só que dessa vez foi a trovadora que pensou estar com os sapatos boneca no porta-malas do carro e, quando foi ver, eles não estavam lá. Para não prejudicar a sua missão de reconciliação de um namoro, fazendo uma namorada aceitar de volta o rapaz que tinha pisado na bola, a trovadora não se fez de rogada. Convenceu um garçom a lhe emprestar os sapatos dele e com a maior desenvoltura saiu andando e cantando pela churrascaria.

ACEITA UM BRIGADEIRO?

Não é raro que a presença dos Trovadores aconteça em meio a eventos como casamentos, jantares, festas e outras ocasiões em que os convidados desfrutam de comes e bebes. Contudo, diz a cartilha dos Trovadores que os músicos entram, se apresentam e saem com a mesma discrição, como se fosse uma brisa que refresca o ambiente sem incomodar os convidados.

Contudo, numa das tantas serenatas desses 25 anos, uma animada cliente convidou os músicos para tomar um suco e comer um pedaço de bolo. Considerando que aquela era a última serenata da noite, os cantores se olharam e não viram problema em aceitar a oferenda.

Eles não lembram se o doce estava gostoso mesmo ou se a cantora passava por alguma dificuldade emocional, o que se sabe é que no dia seguinte a cliente ligou para reclamar que a trovadora voraz tinha atacado a mesa de docinhos e não havia sobrado nem um brigadeiro pra contar a história.

RIO DE LÁGRIMAS

Nem só de riso vivem as serenatas. Depois de 25 anos cantando pela cidade é normal que muitas famílias ou pessoas contratem os Trovadores mais de uma vez e acabem se tornando amigas dos cantores. E foi assim que, ao receber a notícia de que uma antiga cliente tinha falecido, Maída se ofereceu para cantar na missa de sétimo dia.

No dia da cerimônia, tão logo o padre deu a deixa para a cantoria, Maída caiu na maior choradeira. Soluçava, soluçava e chorava tanto que não conseguiu cantar. Foi tomada pela emoção.

SALVE O CORINTHIANS

Imagine aquele domingão típico, todo o povo reunido em casa para o churrascão na laje, cerveja rolando, música alta, risadas, tudo de bom.

Era aniversário do dono da casa, todo mundo em clima de festa. Para agradar o anfitrião palmeirense, toda a decoração era verde e o periquito do Palestra estampava a toalha de mesa, as bandeirolas e muitas camisetas.

Então, adentram a casa, na maior animação, os quatro trovadores cantando em alto e bom som o hino do Corinthians!

Sim, um amigo engraçadinho achou que seria divertido homenagear o amigo com o hino do time rival. O homenageado não achou nada engraçado e os músicos foram expulsos da casa sem conseguir continuar com a serenata e sem explicar o que tinha acontecido. Diante da fúria verde, os músicos deram meia-volta e saíram rapidinho.

CIDADE ALAGADA

No meio de muita chuva, trovões e enxurradas, o carro de um dos músicos que levava mais três colegas para fazer uma serenata em Ferraz de Vasconcelos acabou ilhado. A água subiu tanto que todos tiveram de subir no capô do carro para se salvar da enchente, que acabou provocando a perda total do automóvel.

Claro que naquele estado, molhados e sujos, os músicos não seguiram viagem, voltando para suas casas.

No dia seguinte, apesar de todas as emissoras mostrarem com riqueza de detalhes toda a tragédia causada pela chuva na cidade, o cliente que ficou sem a serenata ligou na empresa reclamando e avisando que iria fazer um escândalo nos jornais por causa do ocorrido.

O SHOW NÃO PODE PARAR

Descansando em sua cidade natal, Avaré, Maída Novaes certa vez estava na fazenda, onde o sinal do celular era muito ruim. Para não deixar de ter notícias sobre sua empresa e as serenatas daquele fim de semana, foi até um lugar mais perto da cidade, onde havia um orelhão, e conseguiu telefonar para o escritório em São Paulo.

Eram três horas da tarde e a sua produtora estava quase em prantos dizendo que a atriz que faria o

Coração Apaixonado tinha sumido e que às sete da noite começaria uma maratona de telegramas executados pelo Coração Apaixonado.

Diante da tragédia que se anunciava, Maída não teve dúvida: voltou para a fazenda, pegou marido e filhos, colocou todo mundo no carro e voltou para São Paulo. Cumpriu a agenda de serenatas, mas até hoje não sabe como conseguiu esse feito.

AMOR NAS ALTURAS

O rapaz queria dar um presente diferente para a namorada aniversariante, malabarista de circo. Contratou os Trovadores para cantar bem em frente ao circo. Para caprichar na surpresa, ele pulou de paraquedas durante a serenata.

A moça gostou, mas achou o rapaz um tanto exagerado. Seu coração de malabarista quase saiu pela boca ao ver seu amor se arriscar no ar, então, em vez de beijos e abraços de agradecimento, acabou dando uma bronca no rapaz.

TOMBOS E RISADAS

Serenata como presente para um casal de noivos na festa de casamento. Trovadores estreando um novo figurino. Domingo de manhã, sol, até parecia cena de filme romântico. No meio do jardim entram os quatro trovadores cantando e os violonistas atrás.

Em determinado momento um dos músicos tropeça e cai dentro do lago de carpas, fica com água até os joelhos, mas não para de tocar. Como ele estava atrás das cantoras, elas não viram o que havia acontecido e só estranharam quando chegaram pertinho dos noivos e perceberam que o violonista tinha ficado pra trás.

Mas nem todas as gafes acontecem com os trovadores. Uma das muitas histórias lembradas pelos músicos foi quando foram cantar em um sobrado.

Adentraram a casa e ficaram bem embaixo da escada esperando o marido descer. Pois não é que alguns minutos depois aparece o maridão com um pijama listrado, desses antigos, com a calça curta, o botão explodindo na altura da barriga e, quando ele começa a descer os degraus, não se sabe se pela emoção da hora, escorrega e se estatela aos pés dos Trovadores.

A esposa correu para socorrê-lo, mas, diante da situação, acabou sentando no chão junto dele e ficaram os dois abraçadinhos ouvindo a serenata.

TRAIÇÃO NÃO TEM PERDÃO

O noivo que tinha pisado na bola achou que uma doce serenata amoleceria o coração da noiva traída. Ledo engano.

Por mais amorosa, terna e eficaz que seja uma serenata para amansar os sentimentos ou reviver uma paixão, tem traição que não tem perdão.

E, em uma dessas vezes, cantando todo o amor do mundo para uma jovem que estava inconsolável por causa do que o noivo tinha aprontado, os Trovadores viram uma cena inesquecível.

Enquanto estavam cantando, a jovem recebeu as canções com tranquilidade. Quando os músicos anunciaram que a serenata era uma homenagem do fulano em questão, a moça não teve dúvida:

num acesso de raiva, começou a jogar pela janela as roupas do rapaz.

Os seresteiros terminaram de cantar e foram embora, enquanto a moça continuava esvaziando o guarda-roupa.

SORRISO COLGATE

Ex-funcionária do velho Tuta, Antônio Augusto Amaral de Carvalho, dono da Rádio Jovem Pan, Maída Novaes ficou emocionada quando foi chamada pela equipe de colaboradores para fazer uma homenagem ao patrão.

A serenata foi linda, todos adoraram, mas no final, depois que a pequena multidão que ofereceu a serenata já tinha se dispersado, Maída ficou conversando com o ex-chefe. Ela nem acreditou quando no meio de uma risada o seu dente da frente pulou da boca bem em cima do tapete branquinho da sala. Achando que ninguém tinha notado, ela colocou a mão na boca, como se fosse tossir, e se apressou em colocar o pé sobre o dente. Felizmente a conversa já estava nos finalmentes, e, quando a pessoa saiu, ela se abaixou para resgatar o dente fugitivo. Quando estava se despedindo da recepcionista e chegando ao elevador, a moça pergunta: "A senhora conseguiu resgatar o dente?".

CADÊ O POSTE?

Uma cliente solicitou uma serenata toda especial, com músicas de Ary Barroso, para homenagear a família carioca. Assim, além do violão, o quarteto enviado para cantar contava também com um cavaquinho e uma timba, um instrumento de percussão em formato de cone que fica apoiado no chão.

A serenata ia de vento em popa, com aquelas marchinhas e sambinhas gostosos, quando um cãozinho vai se aproximando dos seresteiros. Não havia muito o que fazer naquela hora, apenas olhar o bichinho e esperar que não mordesse as cantoras. Só que o cão não queria morder, ele queria mesmo era fazer xixi, e, quando viu aquele instrumento apoiado no chão, deve ter pensado que era um novo estilo de poste e rapidamente soltou o xixi na base da timba.

Nem o dono do cão nem os convidados prestaram muita atenção no que estava acontecendo, mas o músico que tentou sair do lugar arrastando o instrumento viu perfeitamente o desastre.

Quando terminou a serenata, ele saiu de fininho para o banheiro para tentar limpar a timba, mas o cheiro de xixi ficou impregnado no couro do instrumento. Contam que ele ficou mais de um mês limpando o instrumento diariamente com desinfetante para tirar o odor, e até hoje, toda vez que tem de levar a timba para uma serenata, ele pergunta se tem cachorro na casa.

POIS É

O automóvel que leva os músicos para algumas serenatas é uma Towner com 23 anos de uso. Adesivada com motivos de serenatas e notas musicais, é uma atração aonde chega, pois leva o nome dos Trovadores estampado em letras garrafais.

Depois de duas décadas de uso, e já sem peças de reposição, uma vez que o modelo foi descontinuado pela montadora, o meio de transporte é motivo de piada entre os músicos e cantores. Principalmente no Natal, quando aproveitam a música da cantora Simone para cantar "Então é natawnerrrrr, então é natawnerr, a festa cristã..."

MÚSICA BOA PRA CACHORRO

Lá se vão os Trovadores para uma luxuosa mansão. Entram cantando e se posicionam em frente a um sorridente senhor que, todo simpático, acompanha alegremente as músicas. Quando termina a serenata, um músico diz que a serenata é em homenagem ao Dorival e estende a mão para cumprimentar o senhor. Imediatamente ele retruca: "Dorival não sou eu, é ele!", e apontou para o cachorrinho. A serenata tinha sido contratada para um pequinês!

AMOR ALÉM DA VIDA

Para celebrar o aniversário da morte de sua esposa, o marido solicitou que a serenata fosse feita no cemitério, à meia-noite, em cima do túmulo dela. O triste repertório foi acompanhado de perto pelo marido, um homem alto e magro todo vestido de preto. Ele conduziu os seresteiros pelas alamedas escuras do cemitério e ficou lá parado até que a cantoria terminasse.

DE MULHER PARA MULHER

Música não tem preconceito e trovador também não. A serenata naquele dia era para um casal gay, de mulher para mulher. Contratante e homenageada ouviram as românticas canções o tempo todo abraçadinhas. No meio da apresentação, a trovadora foi entregar o CD do grupo para a homenageada. Esta, sem titubear, deu um puxão forte e rápido na nuca da cantora e tascou-lhe um beijo na boca, daqueles de novela. Como cliente tem sempre razão, a trovadora, mesmo sem graça, sorriu.

ARMADO E PERIGOSO

Virou tradição a administradora da Casa dos Trovadores pregar uma peça nos músicos, criando motivo para piadas ao longo do ano e gerando curiosidade sobre qual será a próxima pegadinha. Certa vez a ficha do próximo trabalho de um grupo dos Trovadores dizia que a serenata era enviada pelo amante da esposa de um policial. Enquanto cantavam sob a janela, o grupo ouvia copos e pratos quebrando dentro da casa e um homem irado, de voz grossa, gritando palavrões.

O grupo, mantendo o profissionalismo, continuou a cantar. Bem, até que a voz berrou: "Vou pegar minha arma e matar todos esses músicos agora mesmo!".

Quando abriu a porta para revelar a pegadinha aos colegas e juntos se divertirem com a situação, o homem contratado para fazer a encenação, todo fortão e vestido de soldado, não viu ninguém. Os músicos tinham dado no pé com a maior agilidade.

DEU ATÉ NO JORNAL

A serenata era numa faculdade, mas o contratante havia brigado com a homenageada e não estava por lá. Pedindo a ajuda dos alunos e professores para encontrar a menina, os cantadores saíram de sala em sala procurando quem devia receber a serenata. Ao encontrá-la, um coral de 50 vozes cantou: "Volta, vem viver outra vez ao meu lado..." A emoção foi tamanha que rendeu até uma matéria no jornal *O Estado de S. Paulo.*

UMA RECEPÇÃO DE IMPACTO

A casa tinha um quintal enorme. A ficha de pedido dizia para os Trovadores entrarem cantando. Entraram e... foram recebidos por três dobermans enormes, que perseguiram os cantores quarteirão abaixo. O jeito foi correr mais e mais, até se livrarem das feras. Antes disso, porém, uma trovadora ficou sem um pedaço do vestido.

O FURO DA NOITE

A serenata era num sofisticado restaurante japonês. Os Trovadores tiveram de tirar o sapato para entrar e fizeram uma descoberta um tanto quanto constrangedora: a meia de um deles tinha um furo tão grande que mostrava o dedão. O músico cantou com o pé encolhido e de vez em quando colocava um pé sobre o outro para esconder o buraco.

CLIENTE CATIVO

Primeiro o rapaz encomendou uma serenata para pedir a moça em namoro. Ela aceitou.
No ano seguinte, os Trovadores estavam cantando no casamento deles.

Desde então, a cada aniversário de casamento e a cada filho, é contratada uma serenata. Já são cinco anos de união e dois filhos.

UM TIME DE NAMORADAS

Um grande admirador dos Trovadores e inveterado namorador já contratou serenatas para onze namoradas diferentes. Analisando friamente a situação, deduz-se que a serenata ajuda o namoro a deslanchar, senão ele não investiria tantas vezes. Contudo, quem não deve dar muito certo com as namoradas é ele. E isso foi o próprio cliente que confessou, brincando na última vez em que ligou para marcar mais uma serenata para a namorada da vez.

TROVA EM TRÂNSITO

A serenata não podia ser na casa da moça porque a família não sabia do namoro.

Também não podia ser no trabalho dela, pois a empresa não permitiria a entrada dos músicos. Sugeriu-se, então, que a apresentação fosse na rua, no trajeto dela da empresa para casa. Assim, cantaram mais uma vez dentro do ônibus, só que desta vez o casal estava apaixonado e a cantoria teve final feliz. Principalmente porque o cobrador nem cobrou a passagem.

FOI DE TÁXI

Como fazer uma serenata encomendada pela amante de um taxista? Não podia ser na casa dele, por razões óbvias. No trabalho, ou seja, na rua, seria pouco romântico. A saída foi simular um chamado urgente, de um "passageiro" que morava em frente a uma belíssima praça. Resultado: uma belíssima serenata.

QUERO MEU ESPETINHO

O grupo de seresteiros foi contratado para homenagear uma senhora em sua festa de 93 anos. Assim que viram os Trovadores chegando, os filhos começaram a arrumar a velhinha e levá-la para um lugar confortável para ouvir e ver a cantoria. Ela estava se deliciando com um bom espetinho de churrasco, e uma de suas filhas tirou-o de suas mãos para que pudesse se sentar e ouvir a serenata com calma. Só que todo mundo em volta, na festa, continuou a comer e a beber.

Em um dado momento, pouco mais de cinco minutos após o início da seresta, a aniversariante deu fim à homenagem, pois estava com muita fome e queria somente comer.

Não teve jeito, ela não queria ouvir mais nada e pedia insistentemente que lhe devolvessem seu delicioso palitinho de churrasco.

PASSANDO A MÃO

Vida de seresteiro é dura. Certa vez, tocando em uma festa em um clube alemão no bairro de Campo Belo, uma homenageada octogenária foi motivo de constrangimento para os músicos.

Em um dado momento, no auge da cantoria de um sucesso de Roberto Carlos, o violonista sentiu suas nádegas serem apertadas.

Quando se virou, ainda teve tempo de ver uma amiga da aniversariante, também na faixa dos 80 anos, disfarçando a travessura.

SEM LENÇO, SEM DOCUMENTO

A serenata era em Jacareí, no interior do estado de São Paulo, às nove da manhã de um domingo ensolarado. Para não perder a hora, a cantora e o músico saíram às seis e meia. Quando pararam para um café no posto à beira da estrada é que perceberam que a trovadora tinha esquecido todos os acessórios: as luvas, o chapéu, o colar de pérolas e os sapatos.

Não dava tempo de voltar, então seguiram viagem e, lá chegando, saíram do carro já cantando para causar impacto.

A moça que contratou a serenata para tentar uma reconciliação com o namorado nem notou a deficiência do figurino quando percebeu a emoção do rapaz. Foi tanto beijo e abraço, tantos olhares apaixonados entre eles que nem prestaram atenção quando a serenata acabou e a cantora entrou rapidinho no carro.

Meses depois a moça telefonou novamente para os Trovadores e contratou outra serenata, desta vez para receber os convidados do casamento do casal.

PREFERÊNCIA NACIONAL

Paulinho é um seresteiro alto-astral, gente boa, gentil e muito divertido. Todas as cantoras adoram fazer dupla ou trio com ele, pois o cara realmente gosta do que faz e transmite essa segurança e afeto aos clientes e aos colegas de trabalho.

Servidor público durante a semana e seresteiro aos sábados e domingos, Paulo chegou em 1993 para fazer serenatas durante os quarenta dias em que os outros músicos estivessem na turnê francesa, mas ele nunca mais foi embora. Quando foi indicado por uma amiga em comum com Juca, ele já tinha visto os Trovadores no programa do Jô e pensou que tocar com eles deveria ser bom. Nesses quase 25 anos de cantoria, Paulo ainda se lembra de sua primeira serenata, no Real Parque, e das outras cinco que ele fez no mesmo dia. "Cheguei e já trabalhei como um camelo", ele costuma brincar.

Em datas comemorativas, por exemplo, como Dia dos Pais, Dia das Mães e Natal, as cantoras quase se descabelam para fazer dupla com ele, justamente porque o volume grande de trabalho, dez, doze serenatas no mesmo dia, demanda uma dose extra de bom humor e tranquilidade.

Há horas em que a produção apela e avisa que vai cortar Paulinho ao meio só para agradar todo mundo.

TROCANDO AS BOLAS

Na ficha com informações para os seresteiros estava escrito que a homenagem era para o Eugênio e o Ernesto. Num primeiro momento, pensaram que poderia ser um casal gay.

Quando chegaram ao local, foram recebidos por um rapaz que mandou o trio subir as escadas. Lá chegando, encontraram uma moça e dois cachorrinhos sentados no sofá, um de cada lado dela.

Curioso é que não havia barulho de festa, música, conversas, nada.

E o rapaz que havia recebido os seresteiros no andar de baixo já tinha subido e estava com uma enorme filmadora registrando a serenata.

Um dos músicos perguntou onde estavam o Eugênio e o Ernesto e ele apontou os cachorrinhos no sofá.

A homenagem era para eles, pois a casa havia sido reformada pelo casal dono dos cachorros e, por isso, eles haviam ficado um tempo na casa da mãe da moça. Agora os donos estavam oferecendo a serenata como boas-vindas aos cães na casa renovada.

O violonista deu o primeiro acorde, mas, quando olhou para a cantora, viu que ela estava quase explodindo de tanto segurar o riso. Meio sem jeito, o músico olhou para o rapaz que filmava, e este caiu na gargalhada de um jeito tão espontâneo que a moça também começou a rir e a cantora então pôde se soltar.

Depois que todo mundo se aliviou em sonoras gargalhadas, a serenata continuou e, no final, em vez de aplausos, os cantadores foram recompensados com muitos latidos e lambidas.

OLHE O GENERAL

A estilista dos Trovadores não dá mole para os músicos e cantores. Gosta de tudo perfeitinho, roupa bem passada, gravata, sapatos lustrados.

Certa vez, o marido dela, que também é seresteiro, saiu para uma serenata mas esqueceu que estava de tênis.

Nem é preciso contar que naquela noite ele dormiu na sala e ainda levou uma bronca daquelas.

SERENATA SENTADO

O cenário da seresta era um predinho daqueles bem antigos da 25 de Março, no centro de são Paulo. Quando entraram no prédio e viram que iriam cantar no sótão, já acharam meio estranho, mas não se recusaram. No entanto, quando chegaram lá, perceberam que o sótão era muito pequeno e com o teto muito baixo. Como um dos trovadores era altíssimo, não conseguiria ficar em pé ali dentro, teria de tocar agachado.

Nesse momento ele passa pelo meio das pessoas que estavam esperando a cantoria, pega uma cadeira e se senta; só então conseguiu tocar.

ROMANTISMO "A CAPPELLA"

O cenário parecia coisa de cinema. O casal chegaria de helicóptero, desceria pelo tapete vermelho, receberia as taças de champanhe e a serenata. Tudo lindo, só que a trovadora que veio dirigindo o carro com os colegas ficou tão emocionada com a situação que acabou trancando o Fusca com a chave dentro. E também o violão!

O helicóptero já estava pousando, não dava tempo de resolver a situação, então os músicos e cantores fizeram a serenata *a cappella*, só no gogó.

Quem assistiu garante que foi emocionante e que o improviso não tirou o brilho do momento.

TROVADORA ESTRESSADA

Noite de Natal em Guarulhos, um endereço que aparecia no mapa mas que ninguém conhecia no bairro; procura daqui, dali, as ruas sem placas e a noite chegando. Trovadores perdidos e, em vez de manter a calma, a cantora surta, diz que está nervosa com a situação, que não quer mais ir cantar, que está indo embora.

Mas não podiam abandonar assim o serviço, então o músico ligou para Maída avisando da situação e que não tinha cristo que convencesse a cantora a seguir no programa. Maída, que já estava em Avaré para as festas natalinas com a família, não tinha como voltar para atender o cliente, então pensou em ligar para outra equipe que tinha trabalhado durante o dia. Felizmente eles toparam cobrir o casal em Guarulhos, e, quando lá chegaram, viram que era uma festa para crianças de uma comunidade carente. A festa de Natal foi linda, e os trovadores que voltaram para casa e depois ficaram sabendo da noite maravilhosa se arrependeram de ter abandonado o barco.

SÃO TANTAS EMOÇÕES

Não era Dia das Mães, mas os filhos quiseram presentear a progenitora com uma linda serenata. A surpresa de ver aqueles músicos e cantores lindos, parecendo que tinham saído de um livro de histórias antigas, fez a mulher passar mal e desmaiar. Tiveram então de levá-la para o pronto-socorro. Para amenizar o susto da família, os trovadores ficaram na casa o tempo todo cantando para os convidados enquanto esperavam notícias da mulher. Felizmente ela voltou e ficou tudo bem.

PARTIDA PRECOCE

Uma moça de mais ou menos quarenta anos contratou uma serenata para os pais que estavam já bem velhinhos. Na semana seguinte a família liga solicitando uma serenata para uma missa de sétimo dia.

Os trovadores chegaram lá pensando que os velhinhos tinham morrido, mas quem morreu foi a jovem filha.

Ela acabou falecendo na mesma noite em que os seresteiros cantaram para os pais dela.

EU BEBO, SIM

Em serenata de rua pode acontecer de tudo. Certa vez, num domingo à tarde, na Vila Maria, os trovadores estão tocando quando começa a descer a rua um bêbado, daqueles que andam trançando as pernas. Vai se aproximando e cantando as mesmas músicas dos seresteiros, só que num ritmo e de um jeito todo particular.

Os trovadores até pensam em interromper a serenata, mas a cliente pede que continuem. No final o bêbado pediu aplausos e ficou se dobrando em agradecimento pelas palmas.

SINTONIA DE CASAL

Para comemorar o noivado, a moça contratou uma serenata especial a ser oferecida para o noivo.

No dia marcado, chegam os trovadores na casa e entram cantando, como é de costume. O noivo leva o maior susto e no meio da primeira música já começa a chorar. E chora mais toda vez que começa uma música nova.

No final, a moça pergunta se está tudo bem e o noivo então revela que ele também tinha tido a ideia de oferecer uma serenata para ela como prova de amor. E mais, a lista de músicas que ele tinha escolhido era a mesma que a noiva havia contratado. Ou seja, o casal estava em sintonia mesmo.

EU ME AMO

Chegam para fazer a serenata e são recebidos por uma senhora linda, com os olhos faiscantes, estava fazendo 70 anos mas continuava com a jovialidade de quem bem viveu. Ela entregou um maço de flores para os trovadores e perguntou se os músicos poderiam entregá-las para a homenageada. Claro que a cantora concordou e perguntou quem era ela. E a senhora disse: "Eu sou a homenageada". Ela havia encomendado a serenata para si mesma e, quando a apresentação acabou, disse que estava muito feliz, pois todos haviam recebido aquele presente maravilhoso e que a melhor coisa do mundo era poder dar amor e carinho para as pessoas. E ainda quis fazer uma foto com o violonista que ela disse ser bonitão.

AMOR DE FILHA

O pai estava fazendo 60 anos e as filhas encomendaram a serenata. Alto, bonito, rico, bem de vida, o homem era bonitão e tinha ao lado a namorada de uns 40 anos, magrinha, loira, tipo Barbie. Enquanto os trovadores cantavam, estava tudo bem, mas quando começaram a ler a carta que as filhas tinham escrito, que falava como aquele homem tinha criado as meninas sem a mãe, que ele era um bom pai, um cara lindo e todo romântico, a namorada deu um piti. Saiu batendo os pés e não voltou mais à sala até os trovadores acabarem de cantar. Ficou com ciúme das filhas do namorado.

RAPIDINHAS

No Rio de Janeiro, um apaixonado jogou flores de um helicóptero em cima dos músicos e da homenageada na hora da serenata.

Serenata na pista do Aeroporto Campo de Marte e chega um avião com o casal, que é recebido com tapete vermelho, flores e champanhe.

Um homem tinha uma vida dupla, com duas esposas, filhos, sogro e sogra. Gostava tanto dos Trovadores que encomendou na mesma semana uma serenata para cada família.

Rapaz de 17 anos tinha uma tia rica e usava a mansão dela para impressionar as meninas. Em três meses contratou os Trovadores para cantar para quatro meninas diferentes.

Um antigo cliente dos Trovadores manda serenatas para diversas namoradas ao mesmo tempo. Ele é um grande conquistador.

A homenageada tinha um filho de 5 anos que ficou o tempo todo chutando os músicos enquanto eles cantavam.

Numa dessas coincidências da vida, com ruas de nome muito parecido, casas com o mesmo número e moradores com o mesmo nome, infelizmente os Trovadores só descobriram no final da serenata que haviam cantado para a pessoa errada.

Chegam os Trovadores às cinco da manhã para acordar o homenageado, segundo pedido explícito da moça que oferecia o presente. Músicos tocando e cantando uma música atrás da outra e nada de o homenageado acordar. Quando o grupo cantava a última música, vinte minutos depois, aparece o homem de pijama, descabelado, e exige que os cantadores comecem tudo de novo.

Um mesmo rapaz contratou doze serenatas para a mesma pessoa e registrou em vídeo todas elas.

Números dos 25 anos dos Trovadores

- *100 mil serenatas realizadas*
- *400 apresentações por mês*
- *5 mil serenatas por ano*
- *30 mil serenatas para namoros, noivados e casamentos*
- *10 mil reconciliações*
- *100 serenatas no Dia das Mães, anualmente*
- *7 CDs lançados*
- *100 crianças participando do projeto Trovadores Mirins*
- *50 músicos fazendo serenatas diariamente pelas ruas*
- *7 anos cantando no Hospital do Câncer*
- *800 shows pelo Brasil*
- *4 turnês internacionais*

facebook.com/MatrixEditora